AF298790

ÉTUDE

SUR LE

PRÉSIDIAL D'ORLÉANS

1551-1790

PAR

André CHENAL

Docteur en droit

———

ORLÉANS

IMPRIMERIE Auguste GOUT et Cie

PASSAGE DU LOIRET

—

1908

ÉTUDE

SUR LE

PRÉSIDIAL D'ORLÉANS

1551-1790

ÉTUDE

SUR LE

PRÉSIDIAL D'ORLÉANS

1551-1790

PAR

André CHENAL

Docteur en droit

ORLÉANS

IMPRIMERIE Auguste GOUT et Cie

PASSAGE DU LOIRET

—

1908

ÉTUDE

PRÉSIDIAL D'ORLÉANS

1551-1790

INTRODUCTION

S'il est une étude qui doive intéresser tout particulièrement l'habitant d'une ancienne province de France, c'est bien celle qui a trait aux événements artistiques, littéraires, scientifiques et judiciaires qui se sont produits dans cette région pendant de longues années. Aussi, quand notre éminent maître et président de thèse a bien voulu approuver notre idée d'étudier comme sujet : *le Présidial d'Orléans*, avons-nous éprouvé une vive satisfaction, mêlée toutefois d'une certaine crainte d'être par trop inférieur à la tâche.

Après des recherches plutôt longues qu'ennuyeuses sur un point de notre histoire judiciaire, qui reste aujourd'hui encore assez obscur, nous nous sommes mis à l'œuvre pour la composition de cet opuscule qui nous

1

servira de thèse. Les uns y trouveront des lacunes et peut-être quelques erreurs. D'autres y verront une marque de bonne volonté, beaucoup plus que de talent ; mais tous, nous l'espérons, voudront bien reconnaître que nous avons essayé de servir la cause de l'Orléanais, qui nous a toujours été profondément chère, en fouillant avec autant de sincérité que de sympathie un des coins les plus intéressants de son histoire.

Le passé est mort ; mais son souvenir reste et nous ne croyons pas inutile de le raviver dans l'esprit de nos contemporains. Du reste, pourquoi rougir des institutions, même défectueuses, qui ont fait en partie la grandeur des siècles écoulés, tout en préparant les progrès de l'avenir ?

De ce nombre furent les Présidiaux grâce auxquels nos rois, du xvie au xviiie siècle, améliorèrent la distribution de la justice parmi leurs sujets. Nous allons voir plus particulièrement à quelle époque prit naissance celui d'Orléans, qui brilla parmi tous d'un si vif éclat, comment il fut organisé et comment il fonctionna jusqu'à ce que la tourmente révolutionnaire l'emportât comme tant d'autres monuments du passé.

Nous donnerons, dans une première partie, les notions générales nécessaires à la compréhension de notre sujet et nous compléterons ces notions sommaires en passant rapidement en revue les ouvrages des principaux auteurs qui ont écrit jusqu'à nos jours sur la matière des Présidiaux.

La seconde partie nous montrera quelle était l'organisation du Présidial d'Orléans, les grands noms qui illustrèrent ce siège et parmi lesquels celui du grand Pothier, capable, à lui seul, d'immortaliser sa ville natale, nous retiendra plus particulièrement. Nous verrons également sur quels sièges et sur quelles personnes s'étendait la juridiction du Présidial ; nous consacrerons un chapitre à l'étude rapide de l'Université d'Orléans, qui fut, avec l'Université de Paris, l'une des plus florissantes du royaume, et dont l'histoire est d'ailleurs intimement liée à celle du Présidial qui comptait parmi ses attributions la conservation des privilèges des étudiants, et docteurs-régents. L'étude de ces privilèges nous amènera tout naturellement à traiter des privilèges et exemptions des officiers du Présidial. Nous étudierons ensuite sa compé-pétence en matière civile et criminelle, les modifications apportées à cette compétence et l'institution particulière à Orléans du siège des causes de 40 livres. Nous verrons également quelles étaient ses fonctions spéciales et celles de sa Chancellerie et nous terminerons par quelques détails particulièrement intéressants sur les jours et heures d'audience au Bailliage-Présidial.

Dans une troisième et dernière partie, nous assisterons à la décadence et à l'extinction du Présidial.

Enfin, nous verrons, dans un chapitre qui servira d'appendice à notre étude, un certain nombre de points de pratique et de procédure, de principes en usage dans les Présidiaux plus particulièrement et dont nous retrouvons encore la trace dans notre droit moderne.

PREMIÈRE PARTIE

NOTIONS GÉNÉRALES
SUR LES PRÉSIDIAUX

CHAPITRE Ier

ORIGINE. — RAISONS D'ÊTRE
HISTORIQUE ET COMPOSITION DES PRÉSIDIAUX
EN GÉNÉRAL

Section Ire. — Origine et raisons d'être
des Présidiaux

§ 1er

Les Parlements, sous l'ancien régime, avaient à connaître d'un trop grand nombre d'affaires pour qu'il leur fût permis de donner à chacune toute l'application qu'elle aurait comportée. Très facilement elles étaient portées devant ces cours souveraines et, par suite, la solution qu'elles devaient recevoir se faisait d'autant plus longtemps attendre. Cependant, la plupart, ne présentant qu'un minime intérêt, auraient dû être traitées sommairement et presque sans frais.

Les rois témoins de ces abus voulurent y remédier dans la mesure du possible en mettant à la portée de leurs sujets une justice plus prompte et à la fois moins coûteuse. Pourquoi, en effet, imposer à des habitants d'une lointaine province le souci et la nécessité de se rendre dans une ville d'un accès généralement difficile, pour demander à des juges supérieurs la solution d'un procès que des juges locaux pouvaient fournir facilement et avec la même équité?

C'était, en quelque sorte, détourner les Parlements du but pour lequel ils avaient été créés. C'était leur imposer un surcroît de travail qui les empêchait de réserver pour les causes vraiment importantes un temps précieux et des connaissances juridiques particulièrement nécessaires dans les grandes circonstances. L'administration de la justice doit être toujours facilitée et l'expédition des procès accélérée; c'est ce que comprit surtout Henri II, qui, par un édit du mois de janvier 1551, créa un certain nombre de Présidiaux dans tout le royaume de France:

« — *Henri, par la grâce de Dieu roi, de France et*
« *de Navarre... Sçavoir faisons à tous présents et à*
« *venir, que nous considérant le grand soin et dili-*
« *gence dont nos prédécesseurs rois, de très heu-*
« *reuse mémoire, ont usé, et Nous consécutivement*
« *depuis notre avènement à la couronne, pour l'éta-*
« *blissement, ordre et conduite de la justice, et*
« *pour la faire promptement administrer à nos*
« *sujets, ayant sur ce fait plusieurs Ordonnances*
« *bonnes, utiles et nécessaires pour l'abréviation des*

« procès, sans que jusqu'ici l'on ait pu tirer le
« fruit que nos dits prédécesseurs et Nous en avons
« espéré ; mais au contraire par la mauvaise foi
« des parties, ou souvent par l'excessif gain et pro-
« fit qu'en tirent les ministres et suppôts de la jus-
« tice par les mains desquels il faut passer, les-
« dites Ordonnances, quelque bonnes qu'elles soient,
« semblent quasi avoir produit et donné moyen de
« plus grandes longueurs auxdits procès par les sub-
« tilités que l'on a requis et trouvé à prolonger l'ex-
« pédition d'iceux, et pervertir l'ordre et formalité
« de justice, de sorte que la plupart de nos sujets
« délaissent et abandonnent leur forme et manière
« de vivre avec leurs arts, industrie et tous autres
« vertueux et notables exercices auxquels ils sont
« appelés, emploient le temps de leur vie à la pour-
« suite d'un procès sans en pouvoir voir la fin, et
« consument leurs meilleurs ans avec leurs biens,
« facultés et substance en chose si serve et si illibé-
« rale qu'est cette occupation, comme chacun sçait.
« Davantage venant à noter que nos Cours souve-
« raines ont été principalement établies pour juger
« des grandes matières dont il y aurait appel inter-
« jeté, et qu'en autres moindres l'on acquiesçait
« ordinairement au jugement des premiers juges
« sans en provoquer ni appeler ; chose qui dé-
« montre assez que l'usage de plaider n'était si
« commun et si fréquent qu'il est à présent...
« ...Et au contraire nosdits sujets font si grande
« coutume et habitude de plaider qu'universelle
« ment ils se détruisent ; de manière que c'est une

« *maladie qui a pris si grand cours pour tous les*
« *endroits de notre Royaume que l'un refuse à tout*
« *propos faire raison à l'autre, s'il n'y est contraint*
« *par justice. Et encore pour fuir et dilaier ne*
« *craignent d'appeler pour quelque petite matière*
« *que ce soit jusques en nosdites Cours souveraines,*
« *qui est cause que la plupart de nosdits sujets se*
« *détruisent, mêmement pour la variété et multi-*
« *titude des degrés des juridictions où ils appellent*
« *et recourent.* »

§ II

On trouve bien indiqués, dans ces quelques
lignes extraites de l'Edit, le résumé de tous les
abus qui sévissaient alors et la nécessité d'y remédier dans la mesure du possible. Le principal
moyen parut être de laisser aux juges de province
le soin de terminer en dernier ressort les litiges
qui, par leur intérêt restreint, ne pouvaient conve-
nir ni à la dignité ni aux grandes occupations des
Parlements (1). Les Romains, du reste, à l'esprit
si sensé et si pratique, avaient donné l'exemple en
décidant que les causes des provinces d'Egypte, de
Lybie, d'Asie et d'Orient recevraient une solution
définitive sur les lieux mêmes et qu'elles ne seraient
susceptibles d'appel que dans les cas où l'intérêt
en jeu excéderait la somme de dix livres d'or (2).

(1) Voir Jousse, *Traité de la Juridiction des Présidiaux*
(Préface), Paris, 1757.
(2) Voir : *Novelle* 23 de Justinien, chap. 3.

Tel fut, en France, l'objet des Présidiaux. « *Pour*
« *à quoi obvier*, disait encore le roi fonda-
« teur, *après avoir mis, ce fait en délibération*
« *de notre Conseil privé, par avis d'icelui, pour*
« *les causes dessus dites et autres bonnes et*
« *justes considérations à ce nous mouvans, avons*
« *dit, déclaré, statué, voulu et ordonné, disons,*
« *déclarons, ordonnons et nous plaît par Edit, sta-*
« *tut et ordonnance perpétuels et irrévocables,*
« *qu'en chacun de nos Bailliages et Sénéchaussées*
« *de nos Royaume et pays de notre obeïssance qui*
« *le pourront commodément porter, il y aura un*
« *Siège Présidial pour le moins en tel lieu et endroit*
« *que nous aviserons et verrons être plus utile pour*
« *nos sujets...* »

Section II. — Historique des Présidiaux

§ 1er

Cet édit de principe remonte au mois de janvier de
l'année 1551 ; mais, au mois de mars suivant, l'établissement des Présidiaux passa du principe dans
les faits. Par un nouvel édit, le roi Henri II fixa, en
effet, les bailliages et sénéchaussées dans lesquels
ces tribunaux devaient fonctionner. Ils furent créés
au nombre de trente-deux dans le ressort du Parlement de Paris, parmi lesquels se trouvait celui
d'Orléans (1). « *Item : En la ville d'Orléans, siège*

(1) A Orléans avaient été déjà établis, en 1537, six conseillers
de bailliage : « François, par la grâce de Dieu, roi de France et

« *présidial pour le bailliage dudit Orléans, douze*
« *conseillers, compris les anciens, lesquels et les*
« *nouveaux créés seront conseillers tant en bail-*
« *liage qu'en prévôté, la conservation des privilèges*
« *de l'Université dudit lieu, les sièges de Bois-Com-*
« *mun, Châteauregnard, Yenville, Yèvre-le-Châ-*
« *tel, Neuville-aux-Loges, Gien, Montargis, Lorris,*

" de Navarre : à tous présents et à venir, salut. Comme pour
« administrer la justice à nos sujets en bonne et due assistance
« de Conseil................ nous aions jà créé, érigé, établi et
« ordonné en plusieurs bailliages, senéchaussées et juridictions
« présidiales de notre Royaume certain nombre de conseillers,
« gens lettrés et expérimentés, pour assister et opiner aux juge-
« ments et matières civiles et criminelles occurens ès-dits bail-
« liages, senéchaussées et juridictions tant par appel qu'autre-
« ment................ Et jaçoit que le siège du Bailli d'Orléans,
« établi audit lieu qui est de grande étendue, et y sont plusieurs
« petits sièges particuliers d'assise dont les matières d'impor-
« tance viennent audit siège d'Orléans, soit des plus famés et
« renommés et anciens de notre Royaume, établi et assis en
« l'une des principales villes et cités de notre dit Royaume.....
« Sçavoir faisons que Nous, désirant subvenir au bien, profit,
« utilité et commodité de nos sujets, et que justice soit adminis-
« trée en grande et parfaite rectitude et assistance compétente de
« gens ayant le serment envers Nous et Justice, considérant que,
« en établissant audit siège dudit Bailliage six conseillers, y
« aurait pour le jugement des procès nombre suffisant ; car audit
« siège y a jà Lieutenant particulier dudit Bailli, advocat et pro-
« cureur pour Nous, qui auxdits jugements dudit Bailliage auront
« voix délibérative avec les Baillis, ses Lieutenants civil et cri-
« minel respectivement et selon les occurrences, avons créé, érigé,
« ordonné et établi, et par ces présentes de notre certaine science,
« pleine puissance et autorité royale, créons, érigeons, ordon-
« nons et établissons en offices formés audit siège du Bailliage
« d'Orléans en toutes matières y affluentes et provenantes, soient
« civiles ou criminelles, en quelque qualité qu'elles y pro-
« viennent, soit comme conservateurs des privilèges ou autrement... » (Edit du mois de septembre 1537, portant création de
six conseillers au Bailliage d'Orléans.)

« *Meun-sur-Loire et Beaugenci...* » (1). On peut remarquer en passant que, si le nombre des Présidiaux dans le ressort du Parlement de Paris fut très élevé dès le début, c'est que ce Parlement remontait lui-même aux temps les plus anciens, qu'il avait été tout d'abord la seule juridiction d'appel et que son ressort s'étendait sur un très vaste territoire. Il n'en était pas de même pour les autres Parlements, dont les premiers n'apparurent qu'au xive siècle avec un ressort plus restreint. Ceux-ci virent cependant quelques Présidiaux s'établir dans leurs provinces en vertu de semblables édits. Tels furent ceux de Normandie, de Bretagne. de Languedoc et de Guienne.

A ce moment, on peut en compter soixante sur toute l'étendue du royaume. Le nombre augmenta peu à peu grâce à des édits particuliers qui en créérent successivement et à différentes époques, en plusieurs villes et provinces. Ainsi la Lorraine en fut pourvue au mois de février de l'année 1685, la Bourgogne vit fonctionner les siens en vertu d'un édit de janvier 1696 et la Franche-Comté en compta plusieurs à partir du mois de septembre de la même année. Le nombre total s'éleva bientôt à cent, répandus un peu partout sur le territoire français (2).

(1) Édit de mars 1551, portant ampliation des Présidiaux, avec l'établissement de leurs sièges pour le ressort du Parlement de Paris. Article 27.

(2) Voir Jousse, *op. cit.*, p. 575 et seq.

Section III. — *Composition des Présidiaux*

§ Ier

Chaque Présidial était composé de *nèuf magis-trats-conseillers* (1) pour le moins, en y compre-nant les lieutenants généraux et particuliers, civils et criminels. Cela faisait donc sept conseillers chargés de juger toutes les causes civiles et criminelles : « *Pour, audit nombre de neuf, con-*
« *naître, juger et décider de toutes matières*
« *civiles et criminelles ; c'est à sçavoir des cri-*
« *minelles selon le règlement qu'en avons fait*
« *par nos précédentes ordonnances, et de toutes*
« *matières civiles qui n'excéderont pas la valeur de*
« *deux-cent-cinquante livres tournois de rente ou*
« *revenu annuel de quelque nature et qualité que*
« *soit ledit revenu.............................*
« *En jugeront sans appel et comme les juges souve-*
« *rains et en dernier ressort, tant en instruction,*
« *incidens que principal, et des dépens procédans à*

(1) C'étaient les juges qui devaient donner au président leurs conseils pour prononcer en dernier ressort dans les cas de l'Édit. Lors de l'institution des Présidiaux, ils reçurent le titre de « conseillers-magistrats ». Leur nombre primitif s'éleva plus tard à 15 et même à 30. Ils devaient avoir au moins 25 ans, être licenciés en droit et avoir accompli un stage de trois ans comme avocats. Ils subissaient, en outre, un examen que réglèrent les ordonnances de Blois et de Moulins. Enfin leur réception était précédée d'une « information de vie et mœurs ».

Ils pouvaient recevoir le titre de *conseillers honoraires* et jouissaient du *droit de vétérance* après vingt ans d'exercice. (Cf : JOUSSE, *Traité de l'administration de la justice*, tome Ier, partie II, titre II, section IVe.)

« *cause desdits jugements à quelque somme qu'ils*
« *puissent monter.* » (1).

Ce nombre de conseillers fut tantôt augmenté
et tantôt diminué par des édits successifs. Leurs
sentences, quand elles n'excédaient pas la somme
de 500 livres tournois en capital ou 20 livres tournois de rente, devaient être exécutées par provision,
nonobstant appel, tant en principal que dépens, à
quelque somme que lesdits dépens puissent s'élever. (2) « *Déclarant par ce moyen*, disait le roi, *que*
« *ne voulons, n'entendons que les appellations qui*
« *interviendront et seront interjetées par les parties*
« *desdites sentences et jugements, ayent aucun effet*
« *suspensif de l'exécution du juge, mais seulement*
« *dévolutif en nos Cours souveraines, auxquelles*
« *enjoignons faire droit aux parties le plus*
« *promptement et diligemment que faire se pourra,*
« *dont nous chargeons leur honneur et conscience.*
« *Et ne pourront nos dits juges Présidiaux procé-*
« *der au jugement desdites matières soit interlocu-*
« *toirement, soit diffinitivement, en moindre nombre*
« *que sept...* »

Quand ce nombre de sept n'était pas atteint, par
suite de récusations, ou pour toute autre cause, les
parties pouvaient prendre des avocats du siège ou, à
défaut des parties, les juges eux-mêmes, pour
parfaire le nombre voulu, choisissaient parmi les
avocats les plus notables ceux qui ne paraissaient
ni suspects, ni favorables aux parties. Dans ce cas

(1) Voir Édit de Henri II, 1551, mois de janvier, art. II.
(2) Édit de 1551, art. IV.

comme dans le précédent, ils jugeaient, en outre des causes qui leur étaient attribuées, toutes appellations des sièges particuliers ressortissant au Présidial, quand la valeur n'excédait pas deux cent cinquante livres tournois en principal.

Les juges, après avoir rendu leurs sentences, devaient apposer leurs noms et prénoms sur les registres du greffier, afin que par ce moyen on pût contrôler si leur nombre avait été suffisant. Toutes sommes qu'ils se réservaient à titre d'honoraires et qui portaient le nom d'épices (1) devaient être taxées et indiquées sur la sentence même « *afin* « disait l'édit (art. 6) *que l'on en ait connaissance* « *et que par excessives taxes nos sujets ne soient* « *surchargés.* » Le temps donné à l'instruction des procès ne devait pas être compté pour le chiffre des appointements, qui s'élevaient pour chaque conseiller à la somme annuelle de cent livres tournois de gages ordinaires. « *Lesquels gages leur* « *seront payés par chacun an par quartier et égale* « *portion, quinze jours pour le moins après ledit* « *quartier échû, par leurs simples quittances, des* « *deniers que pour cet effet nous avons permis et* « *permettons par cesdites présentes aux manans et* « *habitans de chacune desdites Villes lever et im-* « *poser* » (2).

(1) Primitivement, les juges ne réclamaient aucun salaire, et les épices étaient un présent volontaire des parties. Ces libéralités se faisaient alors en nature, mais plus tard les épices furent converties en argent et l'arrêt du 17 mai 1402 ordonna qu'elles entreraient en taxe.

(2) Édit de 1551, art. XI.

Il était expressément défendu d'admettre comme
conseillers aux sièges présidiaux des hommes non
pourvus du titre de licencié en droit ou de gradué
en droit, après examen subi devant le Chancelier
ou Garde des Sceaux du royaume, et n'ayant pas
vingt-cinq ans accomplis.

§ II.

A côté des conseillers, on remarqua dès le début
les procureurs et *avocats du roi* (1) qui touchaient
le même traitement fixe de cent livres tournois par
an. Au mois de décembre 1551, Henri II créa des
chancelleries dans tous les sièges présidiaux et, en
1557, pour chaque chancellerie, un office de *garde
des sceaux* qui avait la qualité de conseiller au
même siège (2). Ces offices furent supprimés par un
édit du mois de février 1561 ; mais, en 1575, au

(1) L'existence des *procureurs du roi* remonte à une date fort
ancienne. Ils collaboraient avec les avocats du roi dont ils contre
signaient les conclusions. Ils se tenaient debout quand parlait le
premier avocat du roi et demeuraient couverts en même temps que
lui. En l'absence du premier avocat du roi, c'était le procureur
qui prenait la parole. En mai 1586, un édit créa des substituts
pour remplacer au besoin les procureurs du roi. Le procureur du
roi au Bailliage pouvait l'être en même temps à la Prévôté.

L'avocat du roi prenait la parole dans toutes les causes où le
roi, l'Église, le public et surtout les mineurs avaient intérêt. Il
pouvait parler en l'audience debout, mais couvert et les gants
aux mains. Tant que durait son discours, les juges ne pouvaient
lever l'audience. L'avocat du roi précédait le procureur du roi
(Jousse, *loc. cit.* — Laurain, *Essai sur les Présidiaux*).

(2) Cf. : Jousse, *Traité de la Juridiction des Présidiaux*, préface, p. 5.

mois de février également, ils furent rétablis par un nouvel édit.

En 1573, au mois d'août, un office de *conseiller-clerc* (1) avait été institué dans chaque Présidial. Un peu plus tard, en 1580, le nombre des officiers pour ces mêmes sièges se trouva encore augmenté. En effet, un édit d'ampliation du mois de juillet de cette année fixa le nombre des juges à quinze, y compris les présidents et lieutenants.

Après Henri III, qui avait voulu établir à son tour de nouveaux offices de conseillers-actifs, Louis XIII créa des charges de *conseillers honoraires*. Supprimés au mois de décembre 1663, ils furent bientôt rétablis par un édit datant de l'année 1689. Enfin Louis XIV institua de même dans chaque siège une charge de *chevalier d'honneur* (2), de telle sorte que, vers la fin du xviie siècle, certains Présidiaux comptaient plus de trente juges.

Nous avons déjà dit qu'à côté des conseillers se distinguaient dès le début les avocats du roi. En

---

(1) *Les conseillers-clercs* étaient des ecclésiastiques. Ils devaient être au moins sous-diacres et jouissaient des mêmes droits et autorités que les conseillers-laïcs. Leur rôle était surtout de veiller à la conservation des droits de l'Eglise et d'empêcher leur usurpation.

(2) Cet office de judicature fut créé par un édit de mars 1691 en faveur de plusieurs gentilshommes « à qui leur âge, leur santé ou leur fortune ne permettait plus de servir le roi aux armées » et qui cependant voulaient lui montrer le zèle de leur noblesse.

Ils avaient séance en habit ordinaire, ils portaient l'épée et se tenaient immédiatement après les chefs des Compagnies dans lesquelles ils avaient voix délibérative. L'édit de création leur attribua 400 livres de gages. (Cf : Jousse, *Traité de l'administration de la justice* t. I, p. 596. — Laurain, *loc. cit*).

1578, par un édit du mois d'août, ils avaient obtenu droit de séance et voix délibérative à l'instar des conseillers eux-mêmes. Bien plus, ils pouvaient dépouiller ces derniers de leurs charges et en disposer pour d'autres ou les conserver pour eux-mêmes.

L'origine des *Lieutenants criminels* (1) dans chaque Présidial remonte à un édit du roi Henri II, en l'année 1552. Au mois de novembre 1554, il y eut aussi des *Lieutenants criminels de robe courte* et ensuite des *Exempts de robe courte* (2) qui furent créés par un édit du mois de février 1612. En 1720, ils furent supprimés partout, sauf dans les villes de Paris et d'Orléans qui furent déclarées exemptes de cette suppression, ainsi que nous le verrons plus tard pour Orléans.

Par un édit du mois de juin 1557, Henri II avait établi *un Président* (3) en chaque siège présidial. Cet office, comme tant d'autres, fut tout

(1) *Le lieutenant criminel* jouissait au criminel des mêmes droits, priviléges et prérogatives que le lieutenant général au civil. Il connaissait de tous les délits commis dans l'étendue du siège présidial. Il jugeait à l'ordinaire les *cas royaux*, c'est-à-dire, selon l'avocat général Talon, « tous les crimes dans « lesquels la majesté du prince, les droits de sa couronne, la « dignité de ses officiers et la sûreté publique avaient été violés. » Il exécutait toutes les commissions en matière criminelle et enfin devait faire tous les ans des *chevauchées* dans l'étendue du ressort. Il devait avoir 30 ans ou au moins 27 selon les sièges. Il présidait les procès criminels, mais ne pouvait qu'assister aux procès civils. (Jousse, Laurain, *op. cit.*).

(2) Ces mots *de robe courte* indiquent qu'il s'agissait là de *juges d'épée* plutôt que de magistrats civils.

(3) Pendant les cinq premières années qui suivirent l'établissement des Présidiaux, les audiences furent présidées par les baillis ou leurs lieutenants; mais, en 1557, Henri II créait dans

d'abord supprimé ; mais il se trouva finalement rétabli et conservé par divers actes royaux. Bien plus, on y ajouta, en l'année 1633, des charges de *seconds présidents*, tandis que depuis le mois de juin 1586 fonctionnaient partout les *Lieutenants particuliers assesseurs-criminels*.

Pour compléter ces notions générales sur la composition des Présidiaux, il faut dire que des *greffiers d'appeaux* (1), créés par un édit du mois de mars 1551, se virent tour à tour supprimés et en dernier lieu maintenus par un édit de 1567. Quant aux *huissiers audienciers* (2), ils étaient au nombre

chaque Présidial un office de *président*, surtout dans un but fiscal.

Louis XIII créa une deuxième charge de président, maintenue par Louis XIV. Les fonctions des présidents se bornaient à peu de chose. Ils présidaient les audiences, taxaient les épices, distribuaient les procès présidiaux, etc. En cas de décès ou d'absence, le second président remplaçait le premier.

Dans les grandes circonstances et au tribunal, le premier président marchait en tête de la compagnie et le second à gauche du premier, tous deux en robe rouge.

Dès le début, leurs gages s'élevèrent à 600 ou 800 livres, selon l'importance des sièges.

Il fallait tout d'abord avoir 30 ans, ensuite 25 suffirent (Édit de 1705) (Cf. Jousse, *op. cit.*, t. 1, p. 513 et seq.).

(1) *Les greffiers d'appeaux* étaient des greffiers spéciaux qui devaient transcrire les jugements sans y rien ajouter ni retrancher, à peine de faux. Ils tenaient la plume à l'audience des appels et avaient la garde du Scel. Ils donnaient dès le début authenticité aux expéditions qu'ils délivraient et durent se borner plus tard à expédier les lettres scellées par le Garde-Scel, (Cf. Jousse, Laurain, *op. cit.*)

(2) Officiers subalternes qui servaient à l'audience pour appeler les causes, garder les portes, imposer silence, recevoir et exécuter les ordres des juges. Lorsque les officiers se trouvaient en corps, le premier huissier marchait devant le président de la compagnie, précédé lui-même des autres audienciers qui marchaient portant une baguette à la main. (Laurain, *op. cit.*).

de quatre par chaque siège, et leur origine remonte à des édits successifs datant du mois de juillet 1553, du mois d'avril 1557 et du mois de mai 1558.

§ III.

Les Présidiaux, avons-nous vu d'après l'Édit de création, pouvaient juger *en dernier ressort* jusqu'à la somme de *deux cent cinquante livres*, et *par provision* jusqu'à celle de *cinq cents livres* tant en principal que dépens. En vertu d'un nouvel édit du mois de janvier 1557, ce pouvoir fut augmenté considérablement. Ils connaissaient en dernier ressort jusqu'à mille livres de principal ou cinquante livres de rente, et par provision jusqu'à douze cents livres de fond et soixante livres de rente. L'ordonnance de Moulins réduisit passablement ce chiffre. Il fut fixé, par un nouvel édit d'ampliation du mois de juillet 1580, à cinq cents livres de fond ou vingt livres de rente en dernier ressort, et mille livres de fond ou quarante livres de rente par provision. Mais ce dernier acte demeura sans exécution, et les Présidiaux ne connurent en vérité que jusqu'à deux cent cinquante livres de fond ou dix livres de rente en dernier ressort, et cinq cents livres de fond ou vingt livres de rente par provision, conformément à l'Édit de création du mois de janvier 1551, sauf cependant, comme nous le verrons plus loin, pendant la période de décadence qui précéda la Révolution.

CHAPITRE II

AUTEURS ANCIENS ET MODERNES
QUI ONT ÉCRIT SUR LA MATIÈRE DES PRÉSIDIAUX.

Section Ire. — Ouvrages antérieurs à la Révolution.

§ Ier.

Le premier ouvrage qui traite de la question date du 4 mai 1552. Il a pour titre : « *De similitudine* « *romanorum magistratuum cum Gallorum judici-* « *bus præsidialibus, quos baillivos et seneschalos* « *vocant ad Carolum Floccaeum legum doctorem* « *perilissimum. Ogerii Widii Tornódorensis.* »

C'est une lettre de quatorze pages, à peu près sans intérêt, dans laquelle l'auteur vise à établir l'identité des baillis et des juges présidiaux avec les anciens proconsuls romains.

« — Obéissant, dit Laurain (1), à cette préoccupa- « tion des jurisconsultes de son époque, qui fut « aussi, quoique peut-être à un moindre degré, « celle de leurs disciples, de rencontrer l'origine de « notre droit et de nos institutions dans le droit et « les institutions romaines, comme d'autres allaient « chercher à nos rois des aïeux chez les Grecs, cet « auteur compare les baillis jouissant de la prési- « dialité aux anciens proconsuls romains. — *Defe-*

(1) E. LAURAIN, ancien élève de l'école des Chartes « *Essai sur les Présidiaux* », p. 7, chez Larose, Paris 1896.

« *rebatur vicissim ad proconsules et alios specta-*
« *biles appellationum cognitio, quæ a provinciarum*
« *præsidibus erant interpositæ — ».*

Quoi qu'il en soit, et pour ne pas nous attarder davantage sur un écrit qui n'a pas de valeur, nous devons fixer dès le début notre attention sur le nom de *Gérault du Barriet*, conseiller du roi et enquêteur au siège présidial du Querci. Il fit paraître en 1553 un ouvrage intitulé : « *Loix, statuts et ordon-*
« *nances du très chrétien roi Henri II de ce nom,*
« *suivant les neuf Edits fait ès-mois de janvier et*
« *mars 1551, mai, juillet, août, octobre et janvier*
« *1552, sur la Création, Erection et Réglements de*
« *nouveaux conseillers-magistrats, juges criminels,*
« *greffiers d'appeaux et autres officiers établis ès*
« *sièges présidiaux du Royaume de France.* »

C'est une sorte de conférence comprenant 129 articles avec des sommaires et quelques notes personnelles sur l'ensemble des dispositions contenues dans les neuf premiers édits de Henri II sur les Présidiaux. Ces notes présentent un certain nombre d'observations générales tirées des lois romaines ou des ordonnances des rois de France, et elles ne sont pas sans intérêt. Toutefois elles n'éclairent que d'un jour assez obscur toutes les questions se rattachant à l'existence des Présidiaux.

§ II.

Un second ouvrage parut sur la même matière en 1559. Il avait pour auteur *Usillet*, professeur à l'Université de Montpellier, qui lui donna pour titre : « *Regiæ Constitutionis ad Curialium Præsi-* « *dialium authoritatem pertinentis, brevis et dilu-* « *cida expositio, Authore Antonio Usillo, Doctore* « *regente Montispessuli*, 1559, in-4° ».

Ainsi qu'on peut le voir par le titre, l'ouvrage est écrit en latin. Usillet y développe, dans plusieurs chapitres. couvrant une centaine de pages. tout ce qui a trait à la qualité, à l'âge, aux émoluments, aux préséances et prérogatives des juges en général. Il examine plus particulièrement, dans le chapitre VI, si les causes domaniales du souverain peuvent relever de la compétence des Présidiaux — ce qui est expressément décidé par l'article VII (1). — Au chapitre XIII, il se demande si les Présidiaux peuvent connaître, en dernier ressort, des crimes se rattachant aux affaires civiles de leur compétence ; enfin, dans le quatorzième et dernier chapitre, il cherché à établir que les Présidiaux peuvent juger en dernier ressort les plus grands malfaiteurs.

Mais de l'ensemble des développements il n'apparaît pas que l'auteur ait traité dans toute son ampleur la question de la compétence des Présidiaux, ce qui semblait pourtant être son but principal, sinon unique. Aussi, d'autres après lui crurent devoir s'attacher à l'étude de la même question et parmi eux il faut citer *Grimaudet*, avocat du roi à Angers, dont l'ouvrage, quoique écrit en latin, mérite plus de considération.

(1) Les Présidiaux, d'après le texte de l'édit, ne peuvent en connaître qu'à *charge d'appel*.

C'est une sorte de commentaire paru vers 1576 sur l'édit d'établissement des sièges présidiaux. Il porte comme titre : « *Commentarii ad Edictum jurisdictionis judicum præsidialium* ».

Les observations de Grimaudet sur la compétence et le pouvoir de ces sièges nouvellement créés sont généralement justes et dévoilent un érudit. Toutefois, elles sont encore trop restreintes pour donner une idée exacte de la question. En effet, sur soixante chapitres qui composent ce commentaire, onze ou douze seulement concernent plus spécialement les Présidiaux, et les autres développent des questions générales. Malgré tout, cet ouvrage fut réédité à Paris en 1613 et à Amiens en 1669.

§ III

La plus savante, comme la plus complète des études faites avant la Révolution sur la juridiction des Présidiaux fut sans contredit celle parue en 1757 sous le nom, caché à ce moment, mais bien connu aujourd'hui, de *Jousse*, conseiller au Présidial d'Orléans. Elle est intitulée :

Traité de la Juridiction des Présidiaux, tant en matière civile que criminelle, par M..., conseiller au Présidial d'Orléans.

Cet ouvrage est vraiment intéressant et nous y avons puisé de nombreux détails sur la matière des Présidiaux en général et même sur celle du Présidial d'Orléans en particulier. Il comprend trois parties divisées elles-mêmes en plusieurs chapitres.

Dans la première partie, au chapitre 1er, il est traité des Présidiaux comme juges de première instance et l'auteur examine leur compétence, tant en matière personnelle que réelle, les différentes actions qui peuvent être intentées dans ces juridictions, comment on doit procéder quand la valeur sur laquelle porte le litige est incertaine, ce qui doit fixer la compétence des Présidiaux et, enfin, les juges de cette compétence.

Au chapitre II, les Présidiaux sont considérés comme juges d'appel et l'auteur examine et fixe leur compétence à cet égard. Dans le chapitre III, il traite de l'effet des jugements des Présidiaux et dit comment on peut se pourvoir contre ces jugements. Dans les quatrième et cinquième, il relate les fonctions et devoirs des Présidiaux. Dans le sixième, il traite des chancelleries présidiales et dans le septième il s'occupe tout spécialement du siège établi à Orléans par l'article 3 de l'édit du mois de mars 1749.

Dans la seconde partie de son ouvrage, le même auteur étudie la juridiction des Présidiaux en matière criminelle. Des trois chapitres qu'il consacre à cette question, le premier détermine principalement les différents crimes et délits dont les Présidiaux peuvent connaître en dernier ressort et entre quelles personnes. Dans le deuxième, Jousse examine tout ce qui a trait aux Présidiaux comme juges de compétence en matière criminelle. Enfin, dans le troisième, il étudie les devoirs particuliers des Présidiaux en matière criminelle, tant pour les jugements de fond que pour ceux de compétence.

La troisième partie sert plutôt de supplément aux deux autres. Il y est traité des privilèges, droits et exemptions des Présidiaux.

Comme on le voit par cette courte analyse, l'ouvrage de Jousse est sans contredit le plus important et le plus précis de tous ceux qui avaient paru jusqu'alors sur la matière, et il n'y a pas d'étude possible sur les Présidiaux sans qu'on soit obligé de faire appel aux lumières et à la science de cet auteur.

Ce n'est pas, du reste, le seul ouvrage dont il puisse se glorifier à juste titre. D'autres, restés inédits, doivent lui être attribués. On les trouve à la Bibliothèque d'Orléans sous forme de manuscrits (1).

Citons :

1º *Traité des droits réunis, par Jousse,* 20 mars 1762 (nº 981, 33º, B. O.) ;

2º *Recueil d'Edits, déclarations et arrêts, commencé par Pothier, continué par Jousse,* 1758, 256 pages (nº 996, B. O.) ;

3º *Traité des crimes* (nº 409, B. O.).

(1) La Bibliothèque d'Orléans possède de nombreux manuscrits de Daniel Jousse, recueillis pour la plupart par M. l'abbé Pataud, chanoine de l'Église d'Orléans. Nous ne citons ici que les principaux.

Section II. — Ouvrages postérieurs à la Révolution.

§ Ier.

Si nous cherchons maintenant dans les temps modérnes les noms des auteurs qui ont écrit avec intérêt sur la même question, nous devons citer en premier lieu celui d'*Albert Macé* qui avait consacré une petite plaquette au mouvement de 1763 (1) Quelques autres avaient écrit des monographies sans grande portée. Telle la notice de *M. Charles de Gennes* en 1861 sur le Présidial de Poitiers (2). L'auteur avait travaillé en s'aidant des édits généraux plutôt que des archives de l'ancien Tribunal. Aussi était-il nécessaire qu'il se trouvât un chercheur capable de le corriger et de le compléter. Ce fut *Charles Babinet*, conseiller à la Cour de cassation, qui donna un ensemble de notes fort intéressantes prises pour la plupart dans les registres de la Compagnie disparue.

M. A. Combier (3), président du Tribunal de Laon, esquissa de même une suite de tableaux représentant la vie du Présidial de Laon et ses conflits avec les autres juridictions de la même ville, pour servir d'introduction à son inventaire des archives du Bailliage de Vermandois.

(1) *La réforme des Présidiaux au* XVIIIe *siècle.* Vannes, 1890, in-8°.

(2) *Le Présidial de Poitiers, 65 années de sa vie publique et privée,* 1724 à 1790. Mémoire de la Société des antiquaires de l'Ouest, 2e série (1885). T. VIII, pp. 381-498.

(3) A. COMBIER: *Etude sur le bailliage de Vermandois et le siège présidial de Laon.* Paul Leroux, 1875-1876, 2 vol. in-8°.

M. L. de Combes (1) publia une étude plus importante sur « *le Présidial de Bourg et le Bailliage de Bresse* »; mais elle s'occupe, comme les précédentes, de questions plutôt locales, tout en suivant l'existence et le développement du Présidial depuis son origine jusqu'à sa disparition. Le livre est intéressant parce qu'il renferme des documents curieux ; toutefois on ne peut lui reconnaître qu'une valeur relative.

Il est au contraire une thèse qui mérite des éloges presque sans réserve. C'est celle que *M. Everat, Edouard*, soutint devant la Faculté des Lettres de Clermont, pour conquérir le grade de docteur. L'auteur trace de main de maître, dans : *La Sénéchaussée d'Auvergne et siège Présidial de Riom au* XVIIIe *siècle* (2), le rôle joué par un de ces tribunanx inférieurs au temps de d'Aguesseau et de Maupeou. On y trouve en pleine lumière la vie publique et les luttes que soutint le Présidial de Riom contre ses voisins, alors qu'il était dans sa plus grande puissance.

§ II

Mais un traité esquissant une vue d'ensemble sur les Présidiaux en général manquait à la littérature française. *E. Laurain*, ancien élève de l'Ecole des Chartes, entreprit de combler cette lacune (3). Il le

(1) Bourg : Imprimerie Grandin, 1874, in-8°.
(2) Paris : Thorin, 1886, in-8°.
(3) *Essai sur les Présidiaux*, par E. LAURAIN, ancien élève de l'Ecole des Chartes. — Paris. Larose. 1896.

fit avec conscience et talent en consultant autant que possible les registres des Compagnies où se trouvaient consignés leurs délibérations, leurs usages, leurs droits et les prétentions de chacune d'elles.

Jusqu'ici, on n'a rien écrit de mieux, ni de plus complet dans les temps modernes sur cette question d'histoire judiciaire. Nous devons donc reconnaître que M. Laurain a rendu un véritable service au monde savant en portant la lumière de sa science personnelle dans ce coin encore assez obscur des institutions du passé.

Nous ne voulons pas dire cependant que la thèse de *René Giffard*, soutenue en 1904 (1) devant la Faculté de droit de Rennes, sur les Présidiaux bretons, soit sans valeur. Mais, comme beaucoup d'autres avant lui, cet auteur s'est attaché à une question locale, par suite restreinte et de ce fait offrant moins d'intérêt pour la majorité des lecteurs. Peut-être aussi a-t-il traité trop légèrement des points qui méritaient plus d'attention et s'est-il borné à consulter des documents de seconde main, alors que, dans une étude semblable, il est nécessaire de remonter aux sources ; mais il faut faire la part des circonstances et du but à atteindre et ne pas demander d'un candidat au doctorat ce qu'on pourrait exiger d'un auteur composant un ouvrage de longue main, dans l'espoir que la postérité profitera de ses recherches et glorifiera son nom.

(1) *Essai sur les Présidiaux bretons*, thèse pour le doctorat de René GIFFARD. — Paris, Arthur Rousseau, 1904.

Sous le bénéfice de ces observations, nous ferons remarquer nous-même que nous limiterons notre travail à l'étude de l'origine, du développement et de la suppression du Présidial d'Orléans, souhaitant que d'autres après nous reprennent le sujet dans son ensemble, le fouillent, l'examinent et lui donnent toute l'extension dont il demeure susceptible, même après les travaux de Jousse et de Laurain.

DEUXIÈME PARTIE

NOTIONS PARTICULIÈRES
SUR LE PRÉSIDIAL D'ORLÉANS

CHAPITRE PREMIER

ORGANISATION ET DÉVELOPPEMENT
DU PRÉSIDIAL D'ORLÉANS

*Section 1re. — Principaux officiers qui illustrèrent
ce Siège*

§ 1er

Un grand nombre d'hommes remarquables, pendant le long espace de temps que dura le Présidial d'Orléans, remplirent leurs fonctions de magistrats avec la plus noble distinction. Cependant, certains noms parmi tous semblent briller d'un éclat particulier et mériter plus spécialement les hommages de la postérité. Nous allons les passer rapidement en revue.

Tout d'abord, il faut citer celui de *Léon Tripault*, élève de Anne Dubourg, qui joua un rôle moins éclatant peut-être que celui dont il avait été le disciple, « mais dont les utiles et nombreux travaux,

« dit Bimbenet (1), attestent un esprit froid et
« cependant lumineux, net, attentif, patient et
« pourtant actif ». Il fut avocat au Présidial d'Orléans et se fit remarquer dans l'exercice de cette
profession par sa science et son talent de parole.
Ces qualités attirèrent sur lui l'attention du Chancelier et il fut nommé en 1585 membre de la commission chargée de préparer « la réformation de la
« Coutume d'Orléans. » — Ainsi modifiée et transformée, cette Coutume devint, avec celle de Paris,
une sorte de commentaire de toutes les autres et
l'un des corps du droit alors en vigueur.

Léon Tripault voulut l'expliquer et la commenter
de nouveau et réunit au Commentaire en question
celui de toutes les Coutumes connues et pratiquées
à cette époque dans le ressort du bailliage et prévôté d'Orléans. Le même auteur composa encore
d'autres ouvrages parmi lesquels nous devons citer
avantageusement « *Les Antiquités de la ville d'Orléans* » et une brochure ayant pour titre : « *Joannæ
« d'Arc, puellæ aurelianensis res gesta, imago et
« judicium* ». Enfin, il laissa un manuscrit intitulé : « *Histoire du siège qui fut mis devant Orléans
« par les Anglais, le 13 octobre 1428.* »

Léon Tripault mourut à la fin du xviᵉ siècle, dans
l'exercice de sa profession, en laissant le souvenir
d'un savant véritable, mais modeste.

(1) *Histoire de l'Université de lois d'Orléans*, par Bimbenet
(Eugène), greffier en chef à la Cour impériale de cette ville. — 1853,
Orléans. Gatineau.

§ II

Jean Robert, né à peu près à l'époque où mourut Tripault, fut tout d'abord Docteur régent de l'Université d'Orléans et devint ensuite conseiller au Présidial de cette ville. Les écrits de Cujas, qui, à ce moment, professait à Bourges, attirèrent tout particulièrement son attention, mais il ne négligea pas pour cela les productions des autres docteurs et jurisconsultes sur lesquelles il exerça sa critique. Ces derniers ajoutaient facilement aux textes des lois romaines des textes qui leur appartenaient, sans distinguer entre les uns et les autres. Jean Robert attaqua vivement cette façon d'agir et ne ménagea pas Cujas lui-même à qui il reprochait, dans son écrit intitulé : « *Receptarum lectionum* », plusieurs de ces interpolations. Cujas répondit avec violence en y ajoutant parfois de grossières injures. Il voulut, du reste, conserver le souvenir de cette lutte entre Jean Robert et lui, en réunissant dans le dixième volume de ses œuvres toutes les lettres qu'il avait reçues ou envoyées et en faisant précéder la collection d'une lettre encore plus vive adressée à Jean Robert pour lui expliquer le motif de sa publication.

Aux injures succédèrent les injures et Jean Robert, pour se défendre victorieusement, finit par reprocher à Cujas de n'être venu enseigner à Bourges que parce qu'il avait subi un triple échec dans les concours ouverts à Toulouse. La faveur du public alla plutôt à Jean Robert qui, somme toute, défendait les intérêts de la science et la cause de la sincérité des textes. Etienne Pasquier reconnaissait son mérite et le citait parmi les docteurs éminents de cette époque. Robert était, du reste, un vrai savant et un homme particulièrement laborieux dont s'honora à juste titre le Présidial d'Orléans. Il mourut en 1590, à l'âge de quatre-vingts ans, sans que la vieillesse eût pu jamais ralentir son ardeur combative.

Tout le monde rendit hommage à son souvenir. Nous avons déjà cité Etienne Pasquier. Nous pouvons ajouter Raoul Boutraye, qui, dans un poème intitulé « *Aurelia* », le comparait à Papinien et l'appelait la lumière de la science du droit : « *Qualis erat radiosa lucerna Robertus* ».

§ III

A côté de Jean Robert, on peut placer *Guillaume Fournier* ou *Fornier*, professeur, comme le précédent, à l'Université d'Orléans, après avoir été comme lui conseiller au Présidial de la même ville. On trouve l'éloge de ce dernier un peu partout, mais surtout dans un mémoire sur l'Université d'Orléans où il est dit (1) : « Guillaume Fournier, « docteur régent à Orléans, fils de Pierre Fournier, « procureur du roi au Châtelet de Paris, n'est pas « moins célèbre que Jean Robert. Cujas, voulant « publier un traité sur le chapitre « *De verborum*

(1) Tiré de la collection Guyot, l'un des docteurs régents de l'Université d'Orléans. (Bibliothèque de son petit-fils.)

« *significatione* », après avoir lu celui que publia
« Guillaume Fournier, ne voulut jamais faire impri-
« mer le sien..... MM. de Harlay, de Thou,
« Hurault et L'Hôpital l'honorèrent d'une très
« étroite amitié..... Ayant résigné son office de
« conseiller au Présidial d'Orléans pour vaquer
« plus librement à l'École, il fit imprimer trois
« volumes de ses leçons, qui devaient atteindre le
« nombre de dix. Il fit aussi des notes sur Cassio-
« dore et fut consulté par Henri II sur le mariage
« des enfants de famille sans le consentement des
« pères..... Il fit partie de la commission qui
« prépara la réformation de la Coutume d'Orléans.
. . . .
« Il travailla puissamment à l'établissement de
« l'Aumône générale d'Orléans, dont l'administra-
« tion et présidence furent données au corps de
« l'Université par lettres patentes du 15 février
« 1556. Il mourut à Paris où ses affaires l'avaient
« attiré au cours de l'année 1584... Pasquier
« le met au nombre des jurisconsultes les plus
« célèbres de son temps ; il a fait son épitaphe en
« vers latins..... »

Henri Fournier, fils de Guillaume, succéda à ce
dernier dans sa charge de conseiller au Présidial.
C'est encore un de ceux qui illustrèrent le plus
cette institution des siècles passés. Comme Léon
Tripault, il voulut commenter la Coutume d'Orléans et son travail obtint un grand succès. Il y
ajouta, du reste, un traité des principales Coutumes de l'Orléanais. Sa mort survint en 1617.

§ IV

Après lui, nous devons citer *Jacques Delalande*, fils d'un conseiller à la prévôté d'Orléans, devenu lui-même, en 1633, docteur régent de l'Université et, l'année suivante, conseiller au Présidial. Mais, en 1638, il abandonna cette fonction pour s'appliquer exclusivement à l'étude et à l'enseignement de la science du droit. En 1673, le roi lui accorda le titre de vétéran dans la magistrature, quoiqu'il y fût resté un temps relativement court. Il fut nommé échevin en 1683 et maire en 1694. Son administration mérita tellement d'éloges que le peuple lui décerna le titre de *père de la patrie*. Le roi d'Espagne lui-même, passant par Orléans, voulut voir Jacques Delalande et se faire présenter ses ouvrages. Après avoir pris connaissance de son *Commentaire sur la Coutume*, il félicita l'auteur, mais lui demanda la communication de son grand ouvrage. Ce dernier n'avait pas encore été imprimé; mais il était déjà connu. Jacques Delalande ne put que promettre au royal visiteur de lui en envoyer un prochain exemplaire. La mort le surprit bientôt après et l'empêcha de tenir sa promesse.

Jacques Delalande eut beaucoup à souffrir, comme mari, de la nature impérieuse et avare de sa femme. Aussi, dans son *Commentaire de la Coutume*, qualifia-t-il les personnes du sexe de « *impotentis naturæ animal* ». Ce fut toute la ven-

geance qu'il tira de l'épouse acariâtre et des sou-
cis cuisants qu'elle lui avait donnés.

Ses ouvrages, au nombre de huit, étaient tellement appréciés de ses contemporains qu'on n'en
trouvait plus dans la circulation au commencement
du xviiie siècle. Ceux qui avaient pu s'en emparer
les gardaient précieusement comme un trésor
caché.

§ V

Dans une étude sur le Présidial d'Orléans et les
hommes qui en ont fait la gloire, il serait impossible d'omettre le nom de *Prévost de la Jannès*
sans risquer de paraître ignorant et incomplet. Né
à Orléans en 1676, ce magistrat célèbre, disciple et
imitateur éclairé de Domat, obtint en l'année 1720
sa charge de conseiller au Présidial ; mais bientôt
il quitta ses fonctions judiciaires pour occuper à
l'Université la chaire de droit français que le roi
lui avait confiée. Son enseignement fut des plus
remarquables et des plus suivis. Grâce à son éner-
gique persévérance, il obtint que les grades universitaires fussent conférés avec plus de solennité ;
que l'émulation, un moment disparue, pût renaître
parmi les étudiants et que l'Université d'Orléans
retrouvât en conséquence une partie de l'éclat dont
elle avait brillé.

« Ce restaurateur de la raison humaine dans la
« jurisprudence, peut-on lire dans un ouvrage (1),

(1) *Les Hommes illustres de l'Orléanais*, par MM. C. BRAINNE,
J. DEBARBOUILLER, Ch. F. LAPIERRE, t. II, p. 88. Librairie Gatineau, à Orléans, 1852

« recherchait l'origine du droit dans les préceptes
« de l'équité naturelle et de la loi divine et les lois
« n'étaient pour lui qu'une conséquence qu'il en
« faisait découler..... »

Prévost de la Jannès composa plusieurs ouvrages,
portant principalement sur les matières du droit
français. Nous devons citer :

1° *Des principes de la jurisprudence française* ;

2° *De la nécessité de fixer la jurisprudence par
des lois qui étendent ou qui resserrent les principes
du droit naturel suivant l'utilité des citoyens* ;

3° *De la nature des preuves* ;

4° *Le système de la jurisprudence française exposé suivant l'ordre des diverses espèces d'actions
qui se poursuivent en justice* ;

5° *Commentaires de la Coutume de Paris* (annoté
par son fils) ;

6° *Traité des ordres des créanciers aux distribu-
tions mobiliaires* ;

7° *Dissertation où l'on établit les vrais principes
qui conduisent à la distinction des deux puissances
spirituelle et temporelle, à en fixer les bornes et
déterminer les principes de l'appel comme d'abus.*

Ces dernières œuvres manuscrites se trouvent à
la Bibliothèque d'Orléans, sous les n°s 970, 971, 978.

Prévost de la Jannès donna, en 1740, avec Jousse
et Pothier, une *édition annotée de la Coutume
d'Orléans.*

Il est aussi l'auteur d'un *Éloge de Delalande* et
d'une *Histoire de la vie et des ouvrages de Domat* (1).

____

(1) Voir BIMBENET, *op. cit.*, p. 382.

Il mourut en 1769, laissant pour lui succéder dans sa chaire de droit français l'illustre *Pothier*, le plus grand et le plus savant jurisconsulte de l'époque que nous étudions.

§ VI

Robert-Joseph Pothier était né à Orléans en 1699 et il y mourut en l'année 1772, après y avoir vécu d'une vie toute faite de travail, de science et de vertu.

Pour être édifié sur la grandeur morale de son caractère, il faut connaître quelques-uns des traits de sa vie, rapportés dans l'ouvrage, déjà cité, de MM. Brainne, Debarbouiller et Lapierre (1) :

« Cet enfant, qui devait plus tard, en effet, être « heureux par ses vertus et grand par ses œuvres, « avait cinq ans à peine lorsque le conseiller « mourut... » (M. Robert Pothier, son père, était conseiller au Présidial d'Orléans).

« Il y a trop de la femme en lui, trop de cœur, « trop de timidité, trop d'abnégation, pour que l'on « oublie, même en contemplant le vieux magistrat « et le vieux savant, que ce savant, ce magistrat « fut d'abord un orphelin élevé par sa mère...

« ... Son éducation fut confiée aux Jésuites « d'Orléans. Pothier fut sur le point, jeune encore, « d'entrer dans les ordres...

« Dans ses travaux, la rectitude du jugement et

(1) *Les Hommes illustres de l'Orléanais*, II, p. 91-109.

« la droiture du cœur le conduisaient par un
« chemin sûr à des solutions infaillibles...

« ... Mêlant l'étude des mathématiques à celle
« de la jurisprudence, il appliquait à cette dernière
« la méthode rigoureuse, l'enchaînement de déduc-
« tion que les mathématiciens appliquent à leurs
« théorèmes et le doute était pour lui un non-
« sens...

« Encouragé par le chancelier d'Aguesseau, il fit
« paraître, en 1748, sous le voile de l'anonyme, la
« première partie des « Pandectæ Justinianæ »,
« les autres la suivirent de près (1749-1752). Le
« livre fit du bruit surtout dans la docte Allemagne...
« Il fut surtout contredit par un aristarque de
« Leipsick, mais sans beaucoup de succès... (p. 95).

« Dans sa chaire, Pothier éclipsa bientôt, par la
« clarté de son enseignement, par la hauteur de
« ses aperçus, tous ceux qui l'y avaient précédé et
« rendit à l'Université d'Orléans une partie de son
« ancien lustre...

« ... Il réunissait chez lui, en dehors des cours,
« les jeunes gens studieux auxquels ses collègues
« de l'école et du palais venaient se mêler pour
« former des conférences familières où chacun
« s'instruisait en de savants entretiens...

« ... Il employait la plus grande partie de ses
« émoluments de professeur à l'acquisition de
« médailles d'or et d'argent, que ses élèves se
« disputaient dans des concours publics...

« ... Il ne se bornait pas au travaux de l'audience
« et du palais ; il tenait encore dans son cabinet

« une sorte de bureau de consultations gratuites
« où chacun pouvait aller chercher ses conseils et
« où, devançant les progrès de notre organisation
« judiciaire, il se faisait arbitre et conciliateur,
« prévenant par là plus de procès que ses collègues
« n'en avaient à juger... (p. 96).

« ... Il était en correspondance suivie avec les
« magistrats des autres ressorts qui le consultaient
« souvent... et avec les savants de tous les pays...

« Gérard Meermann, syndic de la République
« Batave, le nomme dans ses écrits « Felicissimus
« et eruditissimus Pandectarum restitutor »...

« Un des plus savants docteurs de l'Université de
« Salamanque, venu à Orléans exprès pour le voir
« et arrivé malheureusement pendant les vacances,
« se fait ouvrir la salle des cours, contemple en
« silence la chaire du professeur, puis s'écriant
« tout à coup : C'est donc là que siège le coryphée
« des jurisconsultes ! il baise comme un objet
« sacré le chêne noirci par le temps... (p. 97).

« ... La procédure d'alors ordonnait, en des cas
« nombreux, de recourir à la question. Cet homme
« plein de douceur et de charité évangélique n'eût
« pu supporter un pareil spectacle ; il blâmait ces
« derniers vestiges d'une législation barbare et les
« repoussait comme penseur et comme chrétien...

« ... Tel fut et comme magistrat et comme
« jurisconsulte cet homme éminent, qui appartient
« non seulement à Orléans, mais encore à la France ;
« son nom, souvent invoqué au palais comme un
« oracle, n'est inconnu à personne, même parmi

« ceux auxquels la jurisprudence est le plus
« étrangère... (p. 99). »

Nous pouvons ajouter, en nous inspirant des
dernières pages du chapitre dont nous venons de
donner plusieurs extraits, que toutes les anecdotes
de sa vie qui prouvent sa vertu, son inaltérable
bonté d'âme, son intelligente et inépuisable charité
sont populaires dans tous les milieux orléanais et
sa mémoire est, dans sa ville natale, l'objet d'une
véritable vénération.

Qui, du reste, ne pourrait admirer un homme dont
il est permis de raconter le trait suivant :

Une veuve ayant perdu un procès qu'il lui avait
conseillé, Pothier la força d'accepter le rembourse-
ment de la somme qu'il prétendait lui avoir fait
perdre.

Les contemporains de ce magistrat modèle no-
taient déjà ses actions et ses mérites. Ainsi D. Lottin père, dans ses « *Recherches historiques sur la
ville d'Orléans, depuis Aurélien, l'an 274, jusqu'en
1789.* » (1), observe :

Qu'en 1720, Robert-Joseph Pothier, ayant à peine
fini son droit à l'Université d'Orléans, fut pourvu, à
21 ans, d'un office de conseiller au Présidial, « ce
qui ne s'était pas encore vu et ce qu'il ne dut qu'à
son mérite extraordinaire. »

Qu'en mars 1746, Pothier fut élu échevin de la ville
à la demande des habitants.

Que, le 10 novembre 1749, voulant de plus en plus
ranimer l'étude du droit à l'Université d'Orléans, il

____

(1) Orléans, Alexandre Jacob.

fonda à ses frais un prix annuel pour celui des étudiants qui se distinguerait dans les exercices du droit français et un autre pour le droit romain. Ces prix consistaient en une médaille d'or de la valeur de cent livres et d'autres médailles en argent de même forme et grandeur pour ceux qui se distingueraient le plus après ces deux grands prix.

Que, le 12 janvier 1750, Pothier refusa d'être rapporteur d'un procès du grand criminel d'Orléans, pour ne pas être obligé de faire donner *la question* et ne pas être forcé d'assister à un procès-verbal de torture.

§ VII.

On comprend, dans ces conditions, pourquoi les Orléanais n'ont point voulu laisser tomber dans l'oubli la mémoire de cet illustre compatriote et pourquoi ils lui ont élevé une statue inaugurée en 1859 (1), en même temps qu'ils donnaient son nom à une des rues de leur ville.

En 1823, l'emplacement du grand cimetière, où Pothier avait été inhumé, ayant changé de destination, on pensa à déposer en lieu sûr la dépouille de ce grand homme et un marbrier, qui avait mis pieusement de côté la pierre recouvrant son tombeau, la restitua fidèlement aux autorités quand celles-ci voulurent procéder à la funèbre cérémonie. Son corps apparut à peu près intact et plusieurs personnes se partagèrent comme des reliques les quelques che-

(1) Œuvre de Vital-Dubray.

veux et brins de barbe qui furent retrouvés dans le cercueil. Les restes furent transportés à la cathédrale et déposés dans une chapelle au milieu d'un grand concours de peuple et de savants. Les corps judiciaires et administratifs, les officiers ministériels de tout rang s'y étaient rendus et témoignaient par leur recueillement du respect qu'ils portaient à la dépouille du défunt.

En 1846, on le transporta de nouveau dans une chapelle voisine. Cette fois encore les autorités locales, les avocats, les avoués, les notaires et les parents de Pothier, en plus grand nombre que précédemment, furent convoqués et rehaussèrent de leur présence l'éclat de la solennité. Les restes du célèbre jurisconsulte reposent donc aujourd'hui dans la cathédrale d'Orléans, tandis que son image se dresse sur la place voisine.

Pothier ne méritait pas moins par son savoir et la dignité de sa vie.

Parmi les nombreuses œuvres qui sortirent de sa plume, il faut citer plus particulièrement : un « *Commentaire de la Coutume d'Orléans* », en 1760 ; un travail très important sur les *Pandectes de Justinien*, son « *Traité des Obligations* » paru en 1761, qui devait, quelques années plus tard, servir de modèle aux rédacteurs du Code civil ;

Ses divers traités du *contrat de rente*, de *louage*, de *vente*, des *contrats de société*, des *contrats maritimes*, des *contrats de bienfaisance* ;

Enfin les traités du *contrat de mariage* et surtout de la *Communauté*.

Dans cette série d'ouvrages qui forment un véri-

table recueil de droit civil, Pothier a simplifié, avec
beaucoup de méthode et de clarté, la matière juri-
dique qui devait passer ensuite dans nos Codes.

Après sa mort, le Recteur et les docteurs régents
de l'Université d'Orléans crurent devoir annoncer
au chancelier d'Aguesseau la perte que venait
d'éprouver leur Compagnie en la personne de Pothier,
leur collègue et maître. Ils le firent dans des termes
que nous allons reproduire et qui témoignaient autant de leur admiration que de leur douleur :

« Monseigneur, écrivaient-ils le 3 mai 1772, nous
« avons l'honneur de vous informer de la très grande
« perte que nous venons de faire par la mort de M.
« Pothier, professeur de droit français dans notre
« Université et doyen des conseillers du Présidial de
« cette ville. Nous ressentons bien vivement combien
« la perte d'un jurisconsulte aussi distingué par l'éten-
« due de ses lumières que par son zèle pour le bien
« public, est douloureure pour tous les ordres de
« citoyens; mais nous y sommes d'autant plus sen-
« sibles que nous sommes privés d'un confrère qui
« nous était extrêmement attaché et dont les soins
« infatigables avaient excité une vive admiration dans
« nos écoles de droit...

« ... Nous attendons, Monseigneur, que le choix
« de Sa Majesté, déterminé par vos sages conseils,
« donne bientôt un successeur à ce célèbre juris-
« consulte. Nous osons vous supplier de fixer votre
« attention sur les sujets que l'Université renferme
« parmi lesquels il en est plusieurs que M. Pothier
« a formés et qui ont dignement répondu à ses
« vues... »

§ VIII.

L'un de ces nombreux élèves, que Pothier avait formés et qui resta toujours son ami, fut *Jousse* (Daniel), conseiller, comme son maître, au Présidial d'Orléans. Il succéda à Pothier dans sa chaire ; mais il lui succéda pareillement dans sa science, et les nombreux ouvrages qu'il a composés l'ont fait classer parmi les jurisconsultes les plus remarquables de son temps. A l'exemple de son prédécesseur, Jousse voulut consacrer sa vie tout entière au travail. Il s'appliqua à la pratique du droit, mais sans négliger la théorie qu'il enseigna d'une manière éminente aux élèves de l'Université (1).

Les œuvres de Jousse portent sur le droit civil autant que sur le droit criminel et il y a lieu de les considérer commé de véritables traités. Un de ses principaux ouvrages, sinon le plus remarquable, est sans contredit son « *Traité de la Juridiction des Présidiaux* » que nous avons déjà analysé et qui suffirait à consolider sa gloire.

Nous avons pareillement signalé, au chapitre II, section 1re, § III, certaines œuvres inédites dont les manuscrits sont à la disposition des érudits à la Bibliothèque d'Orléans ; nous devons mentionner également son « *Traité de l'administration de la justice* », ouvrage renfermant de nombreux et très instructifs détails sur l'organisation et le fonctionnement des différentes juridictions sous l'ancien

(1) Voir : *Les Hommes illustres de l'Orléanais*, par BRAINNE, etc., t II. p. 100-112.

régime, ainsi que son volumineux « *Traité de la justice criminelle* », dont les cinq tomes in-4° parurent en 1771. Nous y ajouterons ses « *Commentaires sur les ordonnances de* 1667, *de* 1669 *et de* 1670 ».

Sans vouloir nous attarder plus longuement à mettre en évidence les mérites de ces diverses œuvres, bien inférieures cependant aux traités de Pothier, il nous suffira de dire qu'après avoir vécu entouré du respect et de la reconnaissance de ses contemporains, cet homme éminent mourut le 24 mars 1781 en emportant dans sa tombe le souvenir et les regrets de tous ceux qui ont aimé ou qui aiment la science du droit.

Ajoutons que, moins heureux que son prédécesseur et ami Pothier, il ne connut jamais les honneurs de la place publique. Son nom n'a pas été gravé sur le coin des rues, ni son effigie dressée nulle part. Si c'est une négligence, elle pourra un jour ou l'autre être avantageusement réparée.

Nous devons clore ici la liste des hommes qui ont illustré le Présidial d'Orléans. Certains autres, comme *Robert de Massy* et *Salomon de la Saugerie*, furent des avocats distingués en même temps que des professeurs pleins de science attachés à l'Université où les disciples se faisaient de plus en plus rares. Un de leurs contemporains, *de la Place de Montevray*, après avoir été comme eux docteur régent et avocat sous l'ancien régime, devint, après la Révolution, successivement conseiller, président de Chambre et premier président à la Cour impériale d'Orléans. Mais aucun ne jeta un nouveau lustre sur l'ancienne juridiction royale qu'on appelait le « Présidial » et elle disparut, ainsi que nous l'avons dit, avec tous les officiers qui la composaient, emportée par la tourmente révolutionnaire, après avoir rendu de signalés services comme tribunal moyen, jugeant rapidement et avec économie les causes les plus diverses.

Section II. — Observations sur les principales Coutumes commentées par les auteurs précédents et mises en pratique dans le ressort du Présidial d'Orléans.

§ 1

Une des plus célèbres parmi les Coutumes suivies dans les trois derniers siècles de la Monarchie française fut celle de *Lorris* en Gâtinais (1).

Les traditions locales faisaient remonter au XIVe siècle « ces plus anciennes, fameuses et renom- « mées Coutumes (2), dit un auteur, suivant les- « quelles une grande partie de la France était

(1) *Lorris*, actuellement chef-lieu de canton dans l'arrondissement de Montargis, à 20 kilomètres de cette ville, était une ville royale où les rois Capétiens eurent un de leurs palais.

Sa très ancienne Coutume est souvent citée par les auteurs dans un sens ironique. C'est ainsi qu'on disait autrefois *greffier de Lorris* pour signifier un mauvais homme de loi. Cette défaveur était, croyons-nous, peu justifiée.

(2) « Les anciennes et nouvelles coutumes de Berry et celles de «Lorris, commentées par Gaspard THAUMAS DE LA THAUMASSIÈRE, 1679 et 1680. » *Nouvelle Revue historique du droit français et étranger.* 1884, p. 139 et seq.

« régie..... Elles furent premièrement mises en
« escript et compilées au lieu de Lorris, selon la
« plus probable opinion, sous le règne et en pré-
« sence du roy Philippe de Valois, environ
« l'an MCCCXXX, et rendues communes à ceux du
« duché d'Orléans donné en apanage par le roy
« Philippe de Valois à son fils Philippe de Valois. »

Cependant, on ne trouve aucun texte qui confirme
cette opinion et, à Lorris même, on ne connaît
aucun de ces anciens Coutumiers compilés par des
praticiens, qui auraient pu servir pour la rédaction
de plusieurs Coutumes importantes. Le plus ancien
texte qui nous ait été transmis de celle de Lorris est
de l'an 1494 (1).

En effet, le 28 janvier de cette même année,
Charles VIII adressa au bailli de Montargis l'in-
jonction de se conformer à l'ordonnance de 1453 et
prescrivit la rédaction de la Coutume pour le
1er avril suivant.

Dès le 10 mars, le bailli de Montargis avait
mandé aux gens d'église, nobles, conseillers, praticiens, bourgeois et habitants des villes, de se
rendre le 14 avril à Montargis sous peine de
500 livres d'amende contre les défaillants. La rédaction fut terminée le 24 avril ; mais elle ne fut pas
officiellement publiée (2).

En 1498, l'avènement de Louis XII au trône
ménagea la réunion du duché d'Orléans à la Cou-

---

(1) *Coutumes de Lorris* publiées par Ad. TARDIF, conseiller
d'Etat honoraire. Paris, 1885.

(2) Voir THAUMAS DE LA THAUMASSIÈRE, *op. cit.*, p. 468.

ronne de France et le roi, dès le 18 septembre 1509, ordonna une nouvelle rédaction des Coutumes du bailliage d'Orléans. Elles furent publiées le 22 octobre suivant et imprimées sous le titre : « *Les Coutumes du bailliage et prévôté d'Orléans, et ressors d'iceux, lesquelles d'ancienneté ont esté vulgairement appelées : Les Coutumes de Lorris.* »

Les représentants de Montargis et autres lieux régis par la Coutume de Lorris ne comparurent pas et furent condamnés à l'amende.

En 1530, le 18 août, le roi François Ier chargea par lettres patentes deux présidents et quatre conseillers au Parlement de revoir les cahiers des Coutumes de Lorris, Montargis, Sancerre, Gien, Saint-Fargeau, Châtillon-sur-Loing, Puisaye et autres lieux y ressortissants, qui avaient été rédigées à Montargis en 1494, et de les faire arrêter et publier dans la forme accoutumée.

Ces commissaires firent convoquer à Montargis, pour le 22 août suivant, les gens des trois états du pays régi par les Coutumes de Lorris et Montargis. L'assignation fut ensuite prorogée au 10 septembre. La veille, les deux commissaires André Guillard et Jacques Allegrin se transportèrent à Montargis pour entendre les oppositions, protestations et réserves des personnes qui auraient à en faire. Elles se produisirent de la part de l'Abbé de Saint-Benoît-sur-Loire, du procureur du Comte de Sancerre, du procureur du roi aux duché, bailliage et prévôté d'Orléans ; du procureur des bourgeois et habitants d'Orléans ; de l'avocat et des conseilers desdits habitants et de l'un des échevins. Tous faisaient valoir leurs motifs pour s'opposer de vive voix et par écrit à la rédaction des nouvelles Coutumes, attendu que les Coutumes du bailliage d'Orléans, jadis appelées vulgairement Coutumes de Lorris et rédigées en 1509, paraissaient bien suffisantes. « C'était donc, par cesdits de Montargis, « *negotium finitum velle instaurare* ». On passa outre cependant et, le 16 septembre, on publia les corrections, modifications ou additions faites aux cahiers primitifs. Les commissaires prirent le texte ainsi renouvelé pour le porter au Parlement, en laissant à Montargis un double signé par eux, par le lieutenant général et les officiers du Bailliage (1).

§ II

Par suite, trois rédactions de la même Coutume d'Orléans et des pays environnants ont été faites à des époques successives, en 1494, 1509, 1531, et, malgré des différences notables, elles présentent cependant une grande analogie. Les deux textes des Coutumes de Lorris proprement dites sont ceux de 1494 et de 1531. La rédaction de 1509 a trait surtout aux Coutumes d'Orléans. L'ordre des chapitres n'est plus ici le même. L'assemblée de 1509 en a ajouté un nouveau : le chapitre III, ayant pour titre : « Des relevoisons à plaisir ». Elle a divisé en deux le chapitre « Des estangs et des

____

(1) Voir Thaumas de la Thaumassière, *op. cit.*, p. 645 et s.

garennes ». Elle a supprimé le chapitre « Des appellations ». Elle a fait un dernier chapitre « sur les Coutumes diverses » et interverti l'ordre des dix précédents. On comptait, en 1494, deux cent cinquante-sept articles ; en 1509, il y en avait trois cent quatre-vingt-deux, et, en 1531, trois cent cinquante-neuf seulement.

Les anciennes Coutumes de Lorris sont certainement plus fidèlement représentées par le texte de *Lorris-Montargis* que par celui de *Lorris-Orléans*, et, entre les deux rédactions de 1494 et de 1531, on doit choisir la première si on veut avoir la plus exacte expression de cette ancienne Coutume de Lorris « presque exclusivement consacrée au droit « civil, dit Tardif (1), et dont la renommée a survécu à toutes les catastrophes ».

« Ces coutumes, observe le même auteur, re- « tracent d'une manière très complète le régime des « fiefs et des censives à leur dernière période, si « différente de leur phase de formation et de déve- « loppement, mais si utile à étudier pour l'intelli- « gence de nos institutions et d'innombrables « pièces conservées dans nos archives nationales « départementales, communales, hospitalières ou « privées.. ... Pour tout l'ensemble du droit privé, « elles nous donnent, sous une forme généralement « claire, le droit commun qui prévaut en France à « cette époque de codification des Coutumes et qui « deviendra un peu plus tard le fond de notre Code « civil. »

(1) Tardif, *op. cit.* Préface.

C'est, en effet, dans les Coutumes que nous avons
puisé les principes que renferment et précisent
actuellement un grand nombre d'articles du Code
civil. Pour en citer quelques-uns, nous rappelle-
rons plus particulièrement les articles 301, 304 et
310 au titre XVII de la coutume de Lorris, qui
traite : « Des droits de succession ». Il est dit dans
le premier : « *Le mort saisit le vif, son plus pro-*
« *chain héritier habile à luy succéder* ». L'article 304 précise les droits des héritiers venant par
représentation : « *En ligne directe, représentation*
« *a lieu infiniment et en quelque degré que ce soit* ».
Enfin l'article 310 édicte que « *Enfants bâtards ne*
« *succèdent* ». Il n'y a qu'à ouvrir notre Code civil
pour voir sous quelle forme, dans quelles limites
ou avec quelles modifications apportées par des lois
plus récentes ces principes nous régissent encore
aujourd'hui.

Le texte officiel de 1531, qui se trouve dans la
collection des registres du Parlement aux Archives
nationales, fut signé, nous l'avons dit, par les commissaires Guillard et Allegrin et contresigné par
les greffiers :

« *Les coustumes et articles cy-dessus transcriptes*
« *ont été levées et publiées en la grand-salle du*
« *châstel de Montargis, par Jehan Ravault et Jehan*
« *Durand, greffiers du bailliage de Montargis, en*
« *présence de nous André Guillard et Jacques*
« *Allegrin, conseillers du roy notre sire* ....
« .. *En témoin de quelles choses nous y avons*
« *mis nos seings manuels et fait sceller de nos*
« *scels* ..... *le quinzième jour de septembre mil*

« *cinq-cent-trente-ung.....* *Extrait du procès-ver-*
« *bal, etc.* »

Plusieurs éditions des Coutumes de Lorris et
d'Orléans furent données dans les années qui suivirent la date de 1531 et avec les notes qu'avaient
écrites les hommes les plus éminents de chaque
époque.

§ III

Dans un discours historique (1), publié en 1740
et que l'on trouve au deuxième volume de l'édition
portant les commentaires d'Henri Fornier, on peut
lire une appréciation très juste et très littéraire des
mérites de chacun des auteurs qui se sont occupés
de ces Coutumes. Nous ne croyons pouvoir mieux
faire que d'en résumer ici les principaux développements.

L'auteur du discours observe tout d'abord que la
rédaction de la Coutume d'Orléans commença en
1494 et qu'on s'assembla à Lorris pour y procéder,
parce que Orléans était alors tenu en apanage. Le
travail fut arrêté et repris en 1509. A ce moment,
Montargis et les bailliages qui en dépendaient se
séparèrent d'Orléans. D'où il se forma deux Coutumes d'une seule, mais si ressemblantes cependant qu'on peut les regarder comme deux sœurs
jumelles grandissant côte à côte.

Après ces remarques, dont on ne peut nier

(1) *Discours historique sur la Coutume d'Orléans, dans*
lequel on explique l'origine des Coutumes en général et celle
d'Orléans en particulier et jugement sur les auteurs qui l'ont
commentée (1740).

l'à-propos, l'auteur porte sur les divers commentateurs des jugements que la postérité a ratifiés.

Pyrrhus Englebernus, dit-il à peu près en ces termes, professeur de droit romain à l'Université d'Orléans, avait du talent et du savoir, mais il ne connut point le véritable esprit de notre Coutume.

Dumoulin porta la lumière, l'ordre et l'exactitude dans la jurisprudence française ; il établit des principes, tira des conséquences et démêla le véritable esprit de nos Coutumes.

Léon Tripault donna quelques notes très courtes et sans utilité, quoiqu'il connût les Coutumes mieux qu'Englebernus.

Henri Fornier, second fils de Guillaume, rival de Cujas, professeur et ornement de l'Université d'Orléans, conféra notre Coutume avec celle de Paris, compara les différences, réunit les rapports, et ses notes courtes sont le fruit de l'intelligence la plus parfaite de la Coutume. Ecrivain modeste autant qu'exact et judicieux, il est avare de mots et riche de pensées.

Duret a fait un commentaire vide, stérile, sans goût, sans jugement, sans netteté et sans discernement.

Mais le commentateur par excellence est *Jacques Delalande* (1626-1703). Bon sens, solidité, érudition, clarté, intelligence vive et lumineuse de l'esprit de la Coutume, ainsi que des principes de la jurisprudence française ; telles sont les qualités qui agrémentent son ouvrage dans lequel il établit un parallèle continuel entre le droit romain et le droit français.

Delalande mérita les éloges de ses contemporains et nous en avons pour preuve particulièrement intéressante le sonnet que lui adressa M. Langlume. chanoine de l'Eglise d'Orléans :

« Admirables génies de tous les temps passéz ;
« Illustres décédés dont les savantes plumes
« Nous ont bien éclairci l'esprit de nos coutumes
« Par un de ces neveux vous êtes effacez...

« Tournet, Caron, Chopin, vous voila terrassez ;
« Que l'on ne vante plus vos antiques volumes,
« Ils tiennent en langueur, causant des amertumes,
« Et Delalande, enfin, vous a bien surpassez...

« Sortez de vos tombeaux, Brodeau, Labbe, Fortin
« Venez tous admirer avecque Dumoulin,
« Cet ouvrage achevé, ce docte commentaire.

« Mais ne murmurez pas de le voir en ce point
« Vous surmonter ici, flétrissant votre gloire ;
« Ayant sceu son dessein, nous n'attendions pas moins. »

Si nous faisons la part d'un enthousiasme peut-être exagéré, nous devons reconnaître que Delalande, sans effacer tous ceux qui ont écrit sur les Coutumes de Lorris et d'Orléans, tenait cependant une des premières places parmi eux.

Après cette sorte de digression, qui nous a paru utile pour former un cadre à peu près complet au tableau d'histoire judiciaire que nous tentons d'esquisser, nous rentrerons maintenant dans le corps de notre sujet, en traitant de la Juridiction du Présidial d'Orléans.

CHAPITRE II

ÉTENDUE DU RESSORT ET ÉNUMÉRATION DES PERSONNES SUR LESQUELS S'EXERÇAIT LA JURIDICTION DU PRÉSIDIAL D'ORLÉANS

Section I. — Ressort territorial du Présidial d'Orléans

§ Ier

Le Présidial d'Orléans, qui figure sous l'article 27 de l'Édit, compte au nombre des trente-deux premiers Présidiaux institués par Henri II dans le ressort du Parlement de Paris. Il remonte, par conséquent, au mois de mars de l'année 1551.

Sa juridiction s'étendait sur les justiciables qui relevaient des sièges suivants (1) : « Le siège dudit « Orléans, tant en bailliage qu'en prévôté, la conser- « vation des privilèges de l'Université dudit lieu ; « les sièges de Boiscommun, Yèvre-le-Châtel, « Yenville (2), Châteaurenard, Neuville - aux - « Loges (3), Gien, Montargis, Lorris, Meun-sur- « Loire et Beaugency. »

Il en fut ainsi jusqu'au mois de janvier 1638. A ce moment, les sièges de Châteaurenard, Lorris et

(1) Voir Camille BLOCH, *Introduction à l'Inventaire des Archives de l'Orléanais* (T. *III*, § *Ier*, *Géographie judiciaire de la circonscription territoriale qui a formé le département du Loiret*).

(2) Actuellement Janville.

(3) Neuville-aux-Bois.

Montargis lui furent enlevés et servirent à la création d'un nouveau Présidial : celui de Montargis (1).

Le ressort du Présidial d'Orléans se trouva donc limité, à partir de 1638, comme il l'était encore au xviiie siècle et ainsi que Jousse le définissait dans son traité des Présidiaux : « A Orléans, disait-il, le » Présidial connaît : 1° des appellations dés sièges « royaux particuliers du bailliage d'Orléans, qui « sont Beaugenci, Yenville, Yèvre-le-Châtel, Bois- « commun, Vitry et Neuville ; 2° ... il connaît aussi « des appellations du bailliage de Gien... ; 3° ... « des appels de toutes les justices seigneuriales qui « ressortissent immédiatement au bailliage d'Orlé- « ans, comme Pithiviers, Meung, Jargeau, Saint- « Benoît-sur-Loire, Châtillon-sur-Loire, Au- « thon, etc... ; 4° enfin, des appellations des juri- « dictions non royales qui ressortissent au Parle- « ment dans les cas ordinaires, comme Sully, « Châteauneuf, etc... »

Ce ne fut point avec plaisir que les officiers du Présidial d'Orléans assistèrent au démembrement de ce dernier et virent se former celui de Montargis. Ils protestèrent, mais leurs protestations démeurèrent vaines, et un arrêt contradictoire, rendu au Conseil le 30 juin 1650, rejeta leurs prétentions.

Pour se faire une idée assez exacte de l'étendue du ressort du Présidial d'Orléans et des autres bailliages et présidiaux qui l'avoisinaient, on peut consulter avantageusement une carte dressée par

(1) JOUSSE, *op. cit.*, partie 1re, chap. II, art. 1er. — Collection Joly de Fleury, à la Bibliothèque nationale, n°s 1174, 1179, 2156 à 2158.

M. Camille Bloch et rattachée au troisième volume des Archives départementales du Loiret, avant son Introduction à l'Inventaire des Archives de l'Orléanais. On y verra qu'un grand nombre de paroisses se trouvaient sur des bailliages placés en dehors des limites du département actuel du Loiret et s'étendant sur des territoires qui forment aujourd'hui une partie des départements de Seine-et-Marne, Eure-et-Loir, Yonne et Loir-et-Cher : tels les bailliages de Blois, Bourges, Concresseau, Étampes, Nemours et Sens.

Aussi M. Bloch a-t-il pu faire remarquer avec juste raison que « la description géographique au « point de vue des ressorts de justice de la partie « de l'ancienne généralité d'Orléans, comprise dans « le département actuel du Loiret, n'est pas facile à « faire, à cause de la grande variété et de l'enche- « vêtrement des juridictions ».

Et M. Armand Brette, dans son « *Recueil de do-* « *cuments inédits relatifs à la convocation des États* « *généraux de* 1789 », dit à son tour : « que la « connaissance exacte de l'ancienne France faisait « défaut même au gouvernement qui, dans bien des « cas, ignorait jusqu'aux limites des circonscrip- « tions judiciaires ».

Ceci rendrait bien difficile la comparaison qu'on pourrait être tenté d'établir entre les anciens Présidiaux et les juridictions actuelles. Tout d'abord, on ne saurait les confondre avec nos cours d'appel dont la compétence semblerait plutôt correspondre à celle des Parlements et parce que d'ailleurs les cours d'appel jugent sans limites à quelque somme

que s'élève le différend, qu'elles ont rarement occasion de se prononcer en premier ressort, tandis que
les Présidiaux avaient leurs causes strictement limi-
tées comme sommes et jugeaient tantôt en premier
ressort, tantôt à titre d'appel.

Si l'on veut donc essayer d'établir un rapproche-
ment quelconque avec les juridictions présentes, il
faut dire que les Présidiaux ressemblent plutôt à
nos tribunaux de première instance qui jugent ordinairement en premier ressort et parfois en appel
des sentences des juges de paix ; mais il faut s'em-
presser d'ajouter que la compétence de ces tribunaux de première instance est parfaitement délimi-
tée par les frontières de chaque arrondissement,
tandis que celle des Présidiaux ou autres juridictions des temps anciens n'avait que des limites
disparates enchevêtrées, comme le déclare M. Bloch,
variables et irrégulières, que l'on connaissait peu à
ces époques reculées et que l'on ignore peut-être
encore aujourd'hui.

Quoi qu'il en soit, et pour revenir au Présidial
d'Orléans, nous dirons qu'en fait d'attributions il
avait celles qui étaient accordées aux tribunaux de
ce degré par les ordonnances royales de 1551. Elles
étaient connues sous le nom de *cas de l'Edit*. Toutefois, nous devons ajouter qu'un certain nombre
d'attributions particulières lui avaient été concédées
en propre ou communément avec quelques autres
juridictions. Ainsi, d'après Jousse (1), il connaissait,
ainsi que nous l'avons dit plus haut, des appels des

(1) Jousse, *op. cit.*, partie Ire, chap. Ier, art. XXV.

sièges de justice chargés de la conservation des privilèges de l'Université d'Orléans. Ces sièges étaient le bailliage et la prévôté d'Orléans, selon ce qu'avaient établi les lettres patentes des anciens rois du 15 juin 1312, du 17 avril 1313, du 31 juillet 1316 et certaines autres postérieures (1).

Nous reviendrons du reste sur ces attributions, surtout en ce qui concerne la conservation des privilèges de l'Université d'Orléans.

Section II. — Division du Présidial d'Orléans et formation de celui de Montargis

§ I

Observons maintenant qu'avec l'établissement du Présidial de Montargis, plusieurs sièges secondaires furent soustraits à la juridiction de celui d'Orléans. Tels furent les sièges de Lorris et de Châteaurenard, le bailliage de Châteaulandon et les justices subalternes de Choisy, Malesherbes, La Cour-Marigny, Ferrières, Courtenay, L'Espinoy, Villemoutiers, Joigny, Champignelles, Villeneuve-les-Genêts, Rozoy-le-Jeune, Fouessant, Neuvy, Bléneau, Faverelle, Lavau, Thou, Mouliers, qui avaient été distraites en partie du bailliage d'Orléans et en partie des bailliages de Melun, Paris, Sens, Auxerre, Troyes et Villeneuve-le-Roi.

Dans la suite, quelques modifications eurent lieu.

(1) Voir FOURNIER, *Les statuts et privilèges des Universités françaises*, tome 1, Université d'Orléans.

Ainsi Malesherbes fut rattachée au Présidial d'Orléans et Courtenay au ressort de Sens. Il y eut surtout un changement important concernant le bailliage de Châteaurenard. Ce dernier fut, en effet, supprimé par un édit d'août 1779, et l'article IV du même édit renvoyait directement au bailliage de Montargis les appels de toutes sentences rendues dans la justice de Châteaurenard. Il en était de même des décisions prises par les justices seigneuriales ressortissant au bailliage supprimé.

Telles furent les limites dans lesquelles se trouva circonscrite la juridiction du Présidial d'Orléans, après avoir été diminué des sièges qui servirent à former celui de Montargis.

§ II

Quelques lignes tirées textuellement de l'Introduction de Camille Bloch (1) serviront à compléter cet aperçu : « A la veille de la Révolution, dit-il, la « circonscription territoriale qui devint plus tard « le département du Loiret ressortissait dans son « entier au Parlement de Paris. Elle renfermait « neuf sièges de bailliages royaux, savoir : Orléans, « Beaugency, Boiscommun, Gien, Lorris, Montar- « gis, Neuville-aux-Bois, Vitry-aux-Loges, Yèvre- « le-Châtel. Les bailliages d'Orléans et de Montar- « gis étaient en même temps sièges présidiaux. « D'autre part, des paroisses, encloses aujourd'hui

(1) Camille BLOCH, *Inventaire sommaire des Archives du département du Loiret*, tome III, Introduction.

« dans le Loiret, relevaient en nombre variable de
« bailliages dont le siège était hors des territoires
« du département actuel, savoir : Blois (Loir-et-
« Cher), Bourges, Concresseau (Cher), Étampes
« (Seine-et-Oise), Janville (Eure-et-Loir), Nemours
« (Seine-et-Marne), Sens (Yonne) ; tandis que des
« paroisses, actuellement hors du Loiret, dépen-
« daient de bailliages dont le siège y est situé. Les
« duché-pairie de Sully-sur-Loire, marquisat de
« Châteauneuf, les justices de Beaune-la-Rolande,
« de Bondaroy, de Malesherbes jouissaient du droit
« d'aller par appel au Parlement pour les cas ordi-
« naires, alors que, pour les cas royaux, elles rele-
« vaient d'Orléans. Avant le xviiie siècle, des prévô-
« tés royales, généralement fort anciennes, exis-
« taient notamment à Orléans, Montargis, Gien,
« Beaugency, Neuville, Lorris, Ouzouer-sur-Trézée.
« Le nombre des justices seigneuriales, ecclésias-
« tiques ou laïques, ressortissant à chaque bail-
« liage ne peut être aisément déterminé.....
« ...... Signalons enfin les sièges municipaux de
« police d'Orléans, Beaugency et Montargis. Or-
« léans possédait un Châtelet ; c'était le second du
« royaume, qui en comptait d'autres : Paris, Mont-
« pellier et Melun..... »

Après cette énumération fondée sur les plus in-
contestables documents et qui, par suite, ne laisse
aucune place à la critique, nous allons nous occuper
des cas tout particuliers où s'exerçait, *par exception*, la compétence du Présidial d'Orléans.

Nous avons remarqué précédemment que cette

juridiction devait connaître en appel des causes qui intéressaient la conservation des privilèges de l'Université. A l'occasion de cette observation, nous croyons utile de dire quelques mots de cette institution qui projeta le plus vif éclat sur tout le Moyen Age.

CHAPITRE III

JURIDICTION DU PRÉSIDIAL D'ORLÉANS
AU POINT DE VUE DE L'UNIVERSITÉ DU MÊME LIEU
ET DE SES PRIVILÈGES.

*Section première. — Origine et fondation
de l'Université d'Orléans.*

§ 1er

Depuis les temps les plus reculés, la ville d'Orléans était le siège d'écoles célèbres. Parmi les plus illustres, celle de Sainte-Croix se distingua particulièrement. Les études s'y organisèrent en se perfectionnant et l'attention des étudiants était attirée surtout sur le droit canonique. Le 27 janvier de l'an 1305, le pape, en considération de cette prospérité croissante, déclara ériger ces écoles en Universités sur le modèle de celle de Toulouse (1). Le roi ne s'opposa pas à la constitution de la nouvelle Université, mais les habitants d'Orléans se montrèrent plutôt hostiles à l'initiative pontificale. Ils se portèrent même, en l'année 1309, au couvent des Jacobins pour faire entendre des menaces : « Nous n'aurons, écrivaient-ils, repos et paix « avecque eux (en parlant des escholiers) s'ils ne

(1) Voir *Histoire de l'Université de Lois d'Orléans*, par Jean Eugène BIMBENET, greffier à la Cour impériale de cette ville, 1853. — Orléans, librairie Gatineau.

« renoncent aux privilèges qu'ils ont obtenus du
« pape. »

Pour mettre à néant la cause de cette colère, les
étudiants firent confirmer par le roi Philippe le Bel,
en 1312, les privilèges accordés par le pape
quelques années auparavant (1). Ainsi se trouva
établie régulièrement l'Université d'Orléans.

§ II

On ne doit pas s'étonner, outre mesure, de ce
soulèvement populaire à l'époque où l'hérésie vau-
doise avait envahi l'Orléanais et plus particulièrement la ville d'Orléans. Tout ce qui venait de
l'Italie, principalement ce qui avait l'apparence de
lois imposées par une puissance étrangère et surtout religieuse, répugnait au bon sens ou aux habi-
tudes de penser des patriotes orléanais. Etienne
Pasquier s'en faisait l'écho en disant (2) : « Telle-
« ment s'il vous plait entendre de moi ce que je
« pense avoir introduit les Universitez de lois dans
« notre pays coutumier, je vous dirai encore que du
« commencement, l'étude du droit romain nous fut
« suspecte, craignant que par son moyen on assu-
« jettit les Français sous une domination étran-
« gère ».

Ce fut cette étude du droit canonique et du droit
écrit dans certaines universités qui leur fit donner
le nom d'*Universités de Lois,* et la ville d'Orléans

(1) Voir LEMAIRE, *Antiquités d'Orléans,* d'après Nicolle
Gilles, dans la Vie de Philippe le Bel.
(2) Tome Iᵉʳ, p. 989.

fut choisie comme un des premiers et des principaux sièges. « Cette ville, dit encore Pasquier, est
« la première de toutes les autres qui sont au pays
« coutumier, voire de toute la France, qui porta le
« nom d'Université de Lois et eut pour parrains le
« pape Clément V et notre roi Philippe le Bel, qua-
« trième du nom... (1) ».

§ III

Le pape avait enlevé la connaissance des délits
commis par les docteurs et les écoliers ou leurs
serviteurs à la juridiction séculière pour la déférer
à la juridiction ecclésiastique : « *En outre*, disait
« Clément V, dans sa bulle, *nous voulons que, ceux*
« *qui seront examinés dans ladite ville d'Orléans et*
« *y auront obtenu la licence d'enseigner, aient à*
« *partir de ce moment, et sans qu'il soit besoin d'un*
« *autre examen et d'une autre approbation, le droit*
« *de professer et d'enseigner en tous lieux dans la*
« *faculté pour laquelle ils ont été approuvés et que*
« *qui que ce soit ne puisse leur enlever ce droit.* »
C'était, en quelque sorte, livrer la ville d'Orléans
à l'Université. Aussi s'explique-t-on pourquoi le
peuple d'abord protesta violemment et pourquoi le
roi ensuite, par ses lettres patentes de 1312, tenta
de limiter l'œuvre du pape tout en conservant l'établissement de certains privilèges afin d'encourager
les progrès des docteurs et des écoliers.

Le pouvoir royal défendait à l'évêque de saisir les

(1) PASQUIER. — Volume 1ᵉʳ, p. 989.

biens des membres de l'Université ; il ordonnait par contre que ceux d'entre ces derniers qui seraient arrêtés sur un soupçon fussent entourés d'égards dans leur prison et même mis en liberté sous caution quand la nature du crime ne s'y opposait pas.

De même les écoliers ne devaient pas être incarcérés pour dettes, ni frappés d'une peine pécuniaire dans le but de les relever d'une excommunication ou d'une censure. Ainsi, le roi reprenait son droit de réglementer les centres de l'éducation publique et ramenait sous leur juridiction naturelle ceux que le pape avait voulu y soustraire.

§ IV

Au point de vue de l'enseignement, Philippe le Bel, d'accord sur ce point avec le pape, ordonnait que l'Université d'Orléans, à l'encontre de celle de Paris, réservât dans ses programmes une grande place pour le droit canonique et pour le droit civil. « *Al inter doctores juris canonici et civilis ibi stu-* « *dentes... studium generale, præsertim juris civilis* « *et canonici, dante Deo, perpetuum esse volumus,* « *et regia auctoritate firmamus.* »

Enfin, il engageait les habitants d'Orléans à respecter et même à protéger leur Université s'ils voulaient éviter sa colère : « *si nostram velint indigna-* « *tionem vitare* ».

D'autre part, le prévôt était constitué conservateur et gardien des privilèges du corps universitaire et il devait s'engager par serment à les

observer, comme à les faire observer par les docteurs aussi bien que par les écoliers.

Ces quelques données suffisent pour montrer que
même dans la constitution de l'Université d'Orléans,
Philippe le Bel entendit défendre ses prérogatives
contre les abus de la puissance pontificale. C'est
un des épisodes de la grande lutte au Moyen Age
entre le Saint-Siège et le pouvoir séculier, et la
preuve que ce dernier finit par renfermer dans ses
limites naturelles la puissance ecclésiastique qui
n'aurait jamais dû en sortir.

*Section II. — Principaux privilèges de l'Université
d'Orléans.*

§ Ier

Le développement de l'Université d'Orléans avait
rendu la ville populeuse et florissante. Les maîtres
les plus célèbres en toutes sortes de langues et de
sciences y abondaient, tandis que les disciples
accouraient de toutes parts. Rien d'étonnant, du
reste, que le nombre des étudiants et des docteurs
augmentât chaque jour à cause même des privilèges
à eux accordés par le pape et confirmés par les rois.

Tout d'abord, les membres de l'Université se
trouvaient affranchis de *la taille* et de *toutes les
charges municipales* qui pesaient sur les autres
citoyens — ce qui du reste provoqua de perpétuelles
querelles entre les écoliers et les habitants repré-

sentés par leurs échevins. — Charles VII avait établi
par tout son royaume un droit de vingt sols par
tonneau ou pipe de vin ; « *mais, ayant reçeu*
« *l'umble suplicacion du procureur général de sa*
« *très chière et amée fille, l'Université d'Orléans,*
« *soutenant que ainsoit (malgré) ce que par privi-*
« *lèges anciens donnés et octroyés aux docteurs*
« *régents, maîstres, bacheliers, licenciez, escoliers,*
« *estudians, serviteurs et officiers de la dicte uni-*
« *versité par lui et ses prédecesseurs les rois de*
« *France, ceux-ci sont francs, quilles et exemps de*
« *toutes tailles, aydes et subventions quelconques*
« *mis sus en et partout son royaulme ; et lesdicts*
« *privilèges, franchises et exemptions aient les dicts*
« *suppliants joy et usé, tant par eux que par leurs*
« *prédécesseurs, de tel et si long et ancien tems qu'il*
« *n'est mémoire du commencement...*

« *Pourquoi, nous, ces choses considérées, vou-*
« *lons lesdicts privilèges ainsi octroyés à notre dicte*
« *fille n'être énervés, ni diminués ; mais voulons*
« *iceux être tenus et gardés à leurs termes*
« *sans en fraulde ; et que les dits estudiants, ainsi*
« *estant audict estude et y vacquant pour acquérir*
« *science et leurs officiers estre tenus quilles et pai-*
« *sibles de tout le vin qui sera venu et feront venir*
« *en la dicte ville d'Orléans ou aultre part, y ceux*
« *et venus du crû de leurs dictes vignes en quelque*
« *lieu qu'elles soient situées, pour leur boire et aultre*
« *nécessité* » (1).

(1) Charte du 27 septembre 1440.

§ II

En outre, l'Université comptait au nombre de ses privilèges *l'exemption de faire le guet et de garder les portes de la ville.* Cependant, ses membres avaient le *droit de port d'armes*, ce qui était alors un signe distinctif de noblesse.

La prévôté et le bailliage avaient reçu mission de conserver ces privilèges ; mais la prévôté dut s'effacer bientôt devant le bailliage, devenu la juridiction des nobles ou des gens vivant en cette qualité — ce qui n'alla pas toutefois sans une lutte âpre et passablement scandaleuse (1).

En 1684, un édit du roi, qu'avaient nécessité des meurtres et des excès de toutes sortes, prohiba formellement le port d'armes, et nous trouvons une lettre de Joly de Fleury invitant le procureur du roi près le Présidial d'Orléans à veiller à son exécution, tandis qu'une autre lettre de M. de Lamoignon, datée de l'année 1723, menaçait les étudiants convaincus d'être sortis en armes de les refuser lorsqu'ils se présenteraient au serment d'avocat.

Pour nous résumer sur ce point, il faut dire avec Eugène Bimbenet (2) que : « l'Université d'Orléans « était assimilée à la noblesse et en possession « de tous ses privilèges : exemption de droit d'aide, « d'impositions, de guet et de garde ; droit de

---

(1) Les différentes phases de cette lutte entre les deux juridictions rivales ont été étudiées dans un ouvrage manuscrit, fort intéressant, de Eugène Bimbenet, « *La Prévôté d'Orléans* ». (Bibl. Orléans, n° 1325.)

(2) Eugène Bimbenet, *op. cit.*, p. 108.

« port d'armes, d'abord dénié, puis toléré, reconnu
« et enfin supprimé, juridiction de bailliage, c'est-
« à-dire des classes nobiliaires et privilégiées ».
Bien plus, ses écoliers pouvaient assister gratuitement et par députation aux représentations scé-
niques qui se jouaient à Orléans, tout au moins
depuis l'année 1382.

Section III. — *Privilèges particuliers.*

§ Ier

C'étaient là des privilèges généraux concédés aux
membres de l'Université d'Orléans, auxquels vinrent
s'ajouter des privilèges particuliers tels que ceux de la
messagerie universitaire et des *nuncii* ou familiers
destinés par les parents à servir de surveillants en
même temps que de compagnons fidèles à leurs
enfants allant au loin suivre les cours de l'Université. C'était par leur intermédiaire que les étudiants et leurs familles communiquaient ensemble ;
aussi, leur accorda-t-on des avantages particuliers
comme l'affranchissement des droits de péage et de
tous autres tributs. « *Nous défendons qu'on exige*
« *des docteurs ou des écoliers venant de l'Université*
« *ou s'en éloignant, ou de ceux qui voyagent à cheval*
« *dans leur intérêt, afin de leur procurer de l'argent,*
« *des livres ou autres choses nécessaires, aucun droit*
« *de péage ou tout autre tribut, notre volonté étant*
« *qu'ils soient affranchis de ces perceptions.* » (1).

(1) Lettres patentes du roi pour la constitution de l'Université
d'Orléans.

§ II

Le roi accorda encore aux universitaires, quels qu'ils fussent, le privilège de *Garde-gardienne* (1), par lequel il les prenait sous sa protection particulière en leur assignant des juges spéciaux :

« En général, dit Bimbenet (2), les grandes cor-
« porations ou les personnes privées, mais appar-
« tenant à la classe nobiliaire, auxquelles des lettres
« de garde-gardienne étaient délivrées, ne pou-
« vaient avoir à débattre que des intérêts d'une
« solution épineuse et difficile. »

Or, pour statuer sur ces intérêts, il apparut comme impossible de s'en remettre à des juges de village tels que les prévôts, il fallut en confier la solution à des tribunaux offrant plus de garantie de lumière et d'indépendance. Ces tribunaux furent les Présidiaux et Châtelets. De la sorte, les rois tendaient à soustraire les affaires importantes et difficiles à l'ignorance ou à la dépendance des juges nommés par les seigneurs et révocables par eux.

(1) Ce privilège était ordinairement accordé aux églises, chapitres, hôpitaux, communautés ; il donnait aux bénéficiaires le droit de distraire, tant en demandant qu'en défendant, la connaissance de leurs causes, des juges ordinaires, et de les évoquer devant les Baillis et Sénéchaux, et autres Juges royaux à qui la connaissance en était attribuée, à l'exclusion des seigneurs hauts-justiciers, voire même des Prévôts (d'après Jousse, *Traité de l'Administration de la Justice*, t. 1er).

(2) Bimbenet, *op. cit.*, p. 133.

Section IV. — Prétentions du Présidial d'Orléans.

§ Ier

Un fait, du reste, prouve que les conseillers du Présidial d'Orléans entendaient garder cette prééminence sur tout représentant, quel qu'il fût, de la prévôté. En effet, au cours de l'année 1625, messire Jehan Mathieu Legrand, Docteur régent, étant mort, on dut procéder à l'élection de son remplaçant. A cette occasion, le lieutenant particulier de la prévôté voulut parler et il avait déjà dit quelques mots lorsque les conseillers au Présidial l'arrêtèrent, prétendant qu'ils avaient la préséance sur lui et que la parole leur appartenait. Le Recteur de l'Université s'interposa, mais les mêmes conseillers firent entendre des réserves et des protestations, selon l'habitude de tous les membres de la magistrature à cette époque, qui prétendaient concourir à l'élection des Docteurs régents. Ils, estimaient, tout au moins, aussi bien les lieutenants généraux de bailliage et prévôté que les avocats du roi et les conseillers au Présidial, avoir le droit d'assister aux thèses et disputes et de donner leur avis sur le mérite des candidats.

A cette occasion, il est bon de rappeler que l'avocat général Omer Talon entendait exercer une censure préalable sur toutes thèses soutenues devant les membres de l'Université d'Orléans et qu'en 1626, dans un réquisitoire sévère, il en critiqua une et exigea sa suppression, défendant à toutes écoles, universités et collèges de souffrir la discussion de principes contraires à l'autorité royale, ordonnant en outre que l'arrêt à intervenir fût lu et publié *à l'audience du Présidial* et à l'ouverture des écoles tous les ans.

§ II

Malgré cette sévérité et ce zèle, peut-être excessifs, les études prirent progressivement de l'extension. Louis XIV imposa à chaque Université l'enseignement du droit français ; aussi, fallût-il doubler et même tripler à ce moment le nombre des professeurs. La préférence fut, désormais, donnée à l'étude de la jurisprudence française. Une déclaration fut publiée, dans ce sens, le 20 janvier de l'année 1700, établissant un examen public sur cette matière, devant deux Docteurs régents et deux Docteurs agrégés tirés au sort. L'épreuve devait durer une heure. Le roi prescrivait, en outre, que tous ceux qui se présenteraient pour prêter serment d'avocat ne fussent admis qu'en rapportant, outre leurs lettres de licence, un certificat du professeur en droit français et des autres professeurs agrégés qui avaient assisté à l'examen et avaient reconnu officiellement la capacité du candidat.

Section V. — *Décadence et Extinction de l'Université d'Orléans.*

§ 1er

En 1707, l'Université de Paris fut à son tour pourvue d'une chaire de droit français. Dès lors, les élèves désertèrent peu à peu l'Université d'Orléans: et la Déclaration de 1707 elle-même atteste sa décadence en nous montrant, dans son article premier, le nombre des professeurs réduit de six à cinq, et réduisant elle-même, par son article 7, le nombre des docteurs agrégés de douze à huit.

Bien plus, en 1719, et le 1er février, le roi, se fondant sur le double motif du petit nombre d'élèves et de l'insuffisance des gages et honoraires des cinq professeurs en droit civil et en droit canon et du professeur en droit français à l'Université d'Orléans, ordonna que le nombre de ces professeurs serait encore réduit de cinq à quatre.

« L'Université d'Orléans, ainsi transformée et « réduite à la condition d'une simple institution « scolaire, dit Bimbenet (1), prolongea son existence « sans être l'objet de nouvelles mesures politiques « ou administratives », et elle disparut lors de la Révolution.

(1) BIMBENET, *op cit.*, p. 280 et 281.

§ II

Mais sa mort ne se produisit pas comme un événement absolument brusque et imprévu. Une sorte
d'agonie l'avait précédée et en quelque sorte pré-
parée. Après avoir eu la faveur des papes et des
rois, après avoir assisté officiellement à plusieurs
conciles en y apportant les lumières de ses docteurs ;
après avoir été consultée par Henri VIII d'Angleterre
sur ses projets de répudiation de Catherine d'Aragon ;
après avoir reçu la protection des Anglais eux-
mêmes dans leur marche victorieuse à travers les
provinces françaises, l'Université d'Orléans avait
vu grandir sa gloire et son autorité jusqu'à ce que
Louis XIV, jaloux de sa domination absolue, s'ap-
pliquât à réduire l'influence des corps enseignants
de son royaume. « Désormais, dit l'auteur de l'*His-
« toire de l'Université d'Orléans*, la science du droit
« français assimilée à celle du droit romain, l'affi-
« liation à l'Université d'un nombre considérable
« d'agrégés nommés par le roi en opposition avec
« les docteurs régents produits des concours, la
« nomination directe par le pouvoir royal de pro-
« fesseurs de droit français, devaient ralentir l'ému-
« lation et disperser les écoliers ».

D'autre part, les nations étrangères, formées à
l'exemple et aux leçons venues de France, enten-
dirent dispenser elles-mêmes la science à leurs
écoliers. Des docteurs enrichis de nos trésors devinrent professeurs dans leurs Universités et se montrèrent les dignes émules de leurs anciens maîtres.

De telle sorte que les jeunes étrangers n'éprouvèrent plus le besoin de s'expatrier pour apprendre.

Section VI. — Elèves célèbres de l'Université d'Orléans.

§ Ier.

Ces diverses causes de décadence, si nous y ajoutons le luxe de Louis XIV qui attirait autour de lui tous les éléments vitaux de la nation, firent que le nombre des étudiants fréquentant les cours de l'Université d'Orléans, après avoir été de plusieurs milliers au XVIe siècle, tomba peu à peu, de 115 en 1700, à 83 en 1713 et à 77 en 1741.

A la veille de la Révolution, il se trouva tellement réduit qu'on n'en comptait presque plus. « Les Universités, observe M. Loiseleur (1), après M. Merlin, comme toutes les autres corporations de l'ancien régime, furent entraînées par le torrent de la Révolution de 1789, mais leur suppression s'opéra en quelque sorte d'elle-même ; aucune loi ne la prononça formellement ».

§ II.

Quoi qu'il en soit, on peut affirmer que l'Université d'Orléans, avant de disparaître, avait connu

(1) LOISELEUR, *L'Université d'Orléans pendant sa décadence*, p. 77.

comme élèves les hommes les plus illustres de ce temps par leur savoir et leur dignité. Il suffirait de nommer encore *Pothier*, dont nous avons déjà parlé comme conseiller au Présidial d'Orléans et dont la gloire seule pourrait perpétuer dans la mémoire des générations l'image d'une époque ; mais, avant lui comme après lui, il y eut des savants justement célèbres, dont l'histoire a gardé le souvenir : tels *Pyrrhus d'Angleberne, Dumoulin*, son élève, *Pierre de l'Etoile, Calvin, Théodore de Bèze, Anne Dubourg, Guy Coquille, Léon Tripault, Guillaume Fornier*, peut-être *Molière* lui-même, mais certainement *Henri Fornier, Jacques Delalande, Guillaume Prousteau* (1), *du Cange, Prevost de la Jannès, Jousse, Guyot, Robert de Massy, Salomon de la Saugerie et de la Place de Montevray*.

Dans cette pléiade d'hommes remarquables, nous retrouvons les noms de plusieurs conseillers au Présidial d'Orléans qui, après avoir été des disciples distingués, étaient devenus à leur tour des maîtres éminents et avaient largement contribué à la diffusion de la science du droit parmi les générations qui les avaient entourés.

(1) Guillaume Prousteau est le fondateur de la bibliothèque d'Orléans.

CHAPITRE IV

EXEMPTIONS, PRIVILÈGES ET PRÉSÉANCES
DES OFFICIERS DES PRÉSIDIAUX EN GÉNÉRAL
ET DE CELUI D'ORLÉANS EN PARTICULIER

Section I. – Exemptions.

§ Ier.

Nous avons dit que les Docteurs régents de l'Université d'Orléans jouissaient de certains privilèges et exemptions qui en faisaient des personnages à part dans leur cité. Il en était de même des officiers du Présidial. En règle générale, tous les officiers des Présidiaux étaient exempts *de guet et de garde*. Il n'y a point de doute, surtout en ce qui concerne ceux d'Orléans, car plusieurs ordonnances ont été rendues dans ce but. Il faut citer celles de MM. de la Châtre, de Balsac, de Saint-Paul, gouverneurs et lieutenant général d'Orléans au xviie siècle, dans lesquelles il est dit : (1)

« *Que les officiers du Présidial d'Orléans seront* « *exempts et dispensés d'aller en personne et d'en-* « *voyer autres pour eux à la garde des portes de* « *jour ni de nuit.* »

On retrouve ces pièces authentiques dans le Trésor des titres du Présidial d'Orléans.

(1) Voir. Jousse, *Traité de la Juridiction des Présidiaux*, p. 343.

§ II.

Mais là ne se bornaient pas les charges dont ces mêmes officiers étaient libérés

En dehors de l'exemption du *droit de franc salé* qu'il faut leur reconnaître, des lettres patentes du 31 mars 1597 les déclaraient encore affranchis de *toutes tailles, impôts, aides, subsides, dons, octrois* et de toutes autres levées de deniers. « *Henry, par* « *la grâce de Dieu, roi de France et de Na-* « *varre* (1)..... *à nos amis et féaux conseillers, les* « *gens tenant notre grand Conseil : Salut :*

« *Nos Présidens, Lieutenans, conseillers, avo-* « *cats, procureurs et greffiers du Bailliage et siège* « *présidial d'Orléans, nous ont humblement fait* « *entendre que pour certaines grandes considéra-* « *tions, les Docteurs régents et officiers de l'Uni-* « *versité d'Orléans ont été par nous et nos prédé-* « *cesseurs rois, par privilèges spéciaux, exemptés* « *et affranchis de la contribution et cotisation de* « *toutes tailles, impôts, aydes, subsides, dons,* « *octrois et de toutes autres levées de deniers qui* « *se feraient sur la généralité des habitants dudit* « *Orléans, dont lesdits de l'Université ont, dès leur* « *établissement, joui et usé, et en iceux maintenus* « *et gardés par nos Cours souveraines et juges ordi-* « *naires, nonobstant les empêchements que les éche-* « *vins et habitans dudit Orléans se seraient efforcés* « *de leur faire, contre lesquels même ils auraient*

(1) Lettres patentes du 31 mars 1597.

6

« obtenu plusieurs arrêts et jugements..... Depuis
« laquelle transaction le roi François Ier (que Dieu
« absolve), par Édit fait et donné à Fontainebleau
« au mois de septembre 1533, aurait créé en titre
« d'office certain nombre de conseillers et officiers
« audit bailliage d'Orléans, pour avec le Bailli dudit
« lieu, juger et terminer toutes matières et procès
« civils et criminels, conserver et garder les privi-
« lèges royaux de ladite Université ; auxquels con-
« seillers pour certaines grandes considérations,
« aurait par le dict Édit..... attribué les mêmes
« droits, privilèges, franchises et exemptions que
« lesdits Docteurs Régents et officiers de la dite Uni-
« versité..... Pour ce est-il que nous, ces choses
« considérées, après avoir fait voir en notre conseil
« lesdits Edits, lettres de confirmation et requête
« des supplians que nous désirons favorablement
« traiter, et en considération de l'assiduité conti-
« nuelle, peine et travaux qu'ils ont en l'exercice de
« leurs dites charges, et les maintenir et garder en
« leurs dits privilèges, Vous mandons et ordonnons
« de, en toute diligence. procéder à la publication
« et vérification de nosdites lettres de confirmation,
« vouloir et intention..... faire jouir et user les-
« dits supplians et leurs dits successeurs pleinement
« et paisiblement, faisant taire et cesser tous les
« troubles et empêchements qui leur pourraient avoir
« été ou seront faits contre la teneur desdits Edits
« et lettres de confirmation. »

§ III

Toutefois, au mois de juillet 1681, l'Ordonnance des Fermes, dans son article 2, dérogea à tous ces privilèges et exemptions. Plusieurs autres édits se succédèrent, tantôt pour augmenter et tantôt pour restreindre le nombre de ces dernières, de telle sorte que, vers la fin du xviiie siècle, les officiers du Présidial d'Orléans, pas plus, du reste, que ceux des autres Présidiaux, ne jouissaient plus de notables avantages à ce point de vue et en vertu des actes précédents.

Section II. — Privilèges

§ Ier.

Disons tout d'abord que les officiers du Présidial d'Orléans ne purent jamais obtenir les droits et les titres de noblesse, malgré leurs désirs et les instances réitérées qu'ils firent pendant tout le xviie siècle, mais ils eurent le privilège de porter la *robe rouge*, ainsi, du reste, que les officiers de la plupart des Présidiaux. Les présidents, lieutenants et conseillers de ces sièges avaient la qualité de *juges-magistrats au Bailliage* et siège présidial du lieu où ils se trouvaient.

C'étaient là des avantages généraux.

Nous savons qu'à Orléans les conseillers du Présidial jouissaient de certains droits spéciaux à titre

de *conservateurs des privilèges de l'Université*.
Cette attribution remontait à l'Edit de création des
conseillers au Bailliage d'Orléans et, par suite, portait la date du mois de septembre 1537. Le nouvel
Edit du 31 mars 1597 confirma, en faveur des
conseillers au Présidial qui avaient succédé à ceux
du Bailliage, le droit de connaître des causes, de la
conservation des privilèges de l'Université et il fut
régulièrement enregistré au Grand Conseil.

§ II

Comme l'Edit de création de 1537 déclarait en
termes formels que « *les conseillers créés joui-*
« *raient des mêmes droits, honneurs et privilèges*
« *que les conseillers du Châtelet de Paris, et qu'en*
« *considération des labeurs et travaux que lesdits*
« *conseillers prendront pour le fait de la conser-*
« *vation de l'Université, ils jouiront et useront des*
« *mêmes droits, comme s'ils étaient vrais suppôts*
« *d'icelle, ainsi qu'ont accoutumé d'en jouir les*
« *autres officiers de ladite Université* ». Il en résulta
que *les droits et honneurs réservés aux Docteurs
Régents de l'Université* devinrent également le privilège des conseillers au Présidial. Vainement, on
avait essayé de contester leurs titres et les conséquences que ces titres comportaient. Le lieutenant
général, les lieutenant criminel et particulier, le
prévôt, le lieutenant de la Prévôté, les avocats et
les procureurs du roi avaient conclu contre eux
dans une instance ouverte en 1626 devant le Parle-

ment, par laquelle les Docteurs Régents de l'Université d'Orléans entendaient faire tomber le titre de conservateurs des privilèges de l'Université, attribué jusque-là aux conseillers du Présidial; mais la Cour se prononça contre les prétentions des Docteurs Régents et rejeta leurs conclusions. Tout ce qu'ils purent obtenir, ce fut le rejet de la demande des conseillers au Présidial sur un autre point. Ces derniers réclamaient le droit de prendre part à l'élection des Docteurs, ainsi qu'en avaient l'habitude les Lieutenants général ou criminel et les autres officiers de la Prévôté et du Bailliage d'Orléans. La Cour n'admit pas cette manière de voir, estimant que cette prétention ne pouvait se confondre avec les privilèges et droits inhérents aux fonctions des conseillers. Aussi repoussa-t-elle leur demande comme étant mal fondée (1).

Section III. — Préséances

§ Ier

En dehors des privilèges et des exemptions dont se trouvaient gratifiés les Présidiaux en général, ils jouissaient encore de certains droits de préséance dans les cérémonies publiques. Ainsi ils avaient le pas sur les maires et échevins des villes où se trou-

___

(1) Ajoutons qu'en vertu de leur *privilège de committimus*, les Présidiaux portaient leurs causes au Grand Conseil pour la conservation de leurs droits. (Lettres patentes du mois de mars 1595, du 31 mars 1597. Édit du mois d'avril 1706.)

vait le siège du Présidial. Les lettres patentes du 11 mai 1557 en font foi et plusieurs arrêts, depuis, ont confirmé la teneur de ces lettres. On peut citer tout particulièrement ceux rendus :

1° Le 7 avril 1764, en faveur du Présidial de Bordeaux contre les maire et jurats de cette ville ;

2° En faveur du Présidial de Tulle, le 8 juin 1581, contre les maire et consuls de la ville ;

3° En faveur du Présidial de Toulouse, le 11 mars 1609, contre les Capitouls.

Il faut mentionner encore un arrêt du Parlement de Paris, rendu le 16 mars 1558. en faveur des officiers du Présidial d'Amiens, contre les maire et échevins du lieu ; de même un autre arrêt du 11 février 1606, donnant raison aux officiers du Présidial de Chaumont contre les maire et échevins de la cité ; enfin un arrêt du Conseil du 3 mai 1699 contre les maire et échevins d'Auxerre, en faveur des officiers du Présidial de la ville.

§ II

Bien plus, ces magistrats prenaient rang avant les gouverneurs et autres officiers municipaux des villes. Nous ne pouvons en douter après l'arrêt qui fut rendu, dans ce sens, le 13 mai 1751, par le Parlement de Bordeaux. contre le sieur de la Combe, gouverneur de la ville et communauté de Tulle.

Les lieutenants des maréchaux de France eux-mêmes passaient après les conseillers aux divers Présidiaux. La décision avait été prise en faveur de ceux de Châlons par un arrêt du Conseil prononcé le 2 mai 1749, et elle ne fut jamais rapportée.

Nous pouvons ajouter que, dans toutes les assemblées publiques, les mêmes magistrats avaient également préséance sur les Trésoriers des Bureaux des Finances. Certains arrêts du Conseil l'avaient ainsi fixé plus particulièrement pour la ville de Lyon en 1622, pour celle d'Amiens en 1680 et pour la ville d'Orléans le 11 octobre 1684 (1).

D'ailleurs, l'existence de toutes les préséances que nous avons énumérées nous est confirmée, pour les officiers du Présidial d'Orléans, par la lecture du *Journal du Présidial* (2), conservé aux archives de la Bibliothèque d'Orléans, journal où se trouvent consignés les menus faits de l'existence de la Compagnie pendant cinquante-quatre ans, et qui nous montre avec quel soin jaloux les officiers du Présidial veillaient à la conservation de leurs prérogatives et à la rigoureuse observation de leurs préséances.

§ III

Enfin, nous devons affirmer, comme dernières observations, que les officiers des Présidiaux avaient le pas *sur les secrétaires du roi* (arrêts du Grand Conseil du 28 juin 1618, du 31 janvier 1651, du

(1) Voir HENRIS, t. 2, pages 151 et 158 de l'édition de 1708.

(2) Journal de ce qui s'est passé au Présidial d'Orléans depuis l'installation de M. de Troies en la charge de président au mois d'août 1686, jusqu'au 21 mars 1740 (Bibl. Orléans, section des manuscrits, n° 601).

4 février 1687 et *Histoire de la Chancellerie*, t. 2, p. 155) ;

Sur les gentilshommes (arrêt du Grand Conseil du 10 février 1740 et *Traité de Droits honorifiques*, par MARÉCHAL, t. 1, p. 195 de l'édition de 1697) ;

Sur les universités (arrêt du Parlement de Toulouse et *Descorbiac*, titre 6, chap. 22, p. 257) ;

Autrefois, *sur les chapitres des cathédrales et les hauts fonctionnaires ecclésiastiques* (arrêt du Conseil du 12 mai 1671 ; du Grand Conseil du 28 avril 1679; arrêt du Conseil du 11 avril 1692 et *Journal du Palais*, t. 2, p. 32, édition in-folio). Mais cet usage et ce droit de préséance furent modifiés par l'article 45 de l'Édit d'avril 1695, et les dignitaires de l'Eglise reprirent, dans les cérémonies religieuses, le pas sur les officiers du Présidial. Toutefois, à Orléans, on réserva toujours dans le chœur de la cathédrale un certain nombre de stalles pour ces derniers et ils durent se contenter, dans l'avenir, de cette concession plutôt gracieuse.

Il résulte, de plus, d'une pièce manuscrite conservée aux archives du département du Loiret que les Conseillers devaient être convoqués aux *Te Deum* chantés par ordre du Roi, à l'occasion d'importants événements, dans la cathédrale d'Orléans (1), et nous retrouvons un procès-verbal, daté du mois de janvier 1706 (2), constatant « que M. de Troies, « président au Présidial, qui avait négligé de con-

____

(1) Arch. du Loiret. *Actes émolumentaires de janvier à décembre 1698*, sous la cote B. 264.

(2) Arch. du Loiret, sous la cote B. 272.

« voquer les officiers de justice pour le *Te Deum*
« chanté à cause de la prise de Nice », avait manqué
à un grave devoir de sa fonction.

§ IV

Il y avait encore d'autres cas où le Présidial
d'Orléans jouissait d'honneurs tout particuliers.
Ainsi, lorsqu'il marchait en corps, la compagnie des
Chevaliers du guet de la ville devait aller prendre
ses membres au lieu de la réunion et leur faire cons-
tamment cortège. Il en avait été ainsi décidé dans
un règlement fait par le comte de Saint-Paul,
lieutenant général du gouverneur de la province
d'Orléans, en l'absence de ce dernier. L'original du
texte fut déposé au Trésor du Présidial d'Orléans.
Il y était dit :

« *Lorsque ledit sieur comte de Saint-Paul assis-*
« *tera aux processions, le chevalier du guet et son*
« *lieutenant marcheront, sans être assistés d'aucuns*
« *archers, et lorsqu'il n'y sera pas présent, le che-*
« *valier du guet marchera avec les sergents de la*
« *sixaine portant espées et quatre archers portant*
« *hallebardes,* AU DEVANT DES OFFICIERS DE LA JUS-
« TICE, *et ce non pour donner aucun rang ou séance*
« *au chevalier du guet, au préjudice des capitaines*
« *volontaires qui assistent à la dite procession, mais*
« POUR LE RESPECT ET OBÉISSANCE QU'IL DOIT A LA
« JUSTICE. »

§ V

Cependant, lors du *Te Deum* chanté à la cathé-drale d'Orléans pour la naissance du duc de Bour-gogne, en l'année 1707, ces archers ne furent pas envoyés par le Chevalier du guet près des officiers du Présidial qui s'y trouvaient en corps. Leur absence fut constatée par un procès-verbal du 18 janvier 1707, qui fut adressé au chancelier de France de l'époque, M. de Pontchartrain. Celui-ci écrivit à l'intendant d'Orléans, M. de Bouville, pour qu'il enjoignît au Chevalier du guet d'avoir soin, dans l'avenir, de faire accompagner par des archers les officiers du Présidial, quand ils sortiraient en corps dans les cérémonies publiques. C'était la con-firmation officielle de la préséance créée par M. de Saint-Paul.

Tels furent, dans leur ensemble, les privilèges, exemptions et droits de préséance des officiers du Présidial d'Orléans. Nous devons nous demander maintenant quelle était leur compétence.

CHAPITRE V

COMPÉTENCE DU PRÉSIDIAL D'ORLÉANS
EN MATIÈRE CIVILE ET CRIMINELLE

Section Ire. — Juridiction de première instance
et d'appel, au civil.

§ Ier

Il fallait pour régler la compétence des Présidiaux considérer deux choses plus particulièrement importantes :

1° L'objet de la demande entre le demandeur et le défendeur, comme dans toutes les actions personnelles ;

2° L'objet de la chose d'où naît le litige entre les parties, comme dans toutes les actions réelles, possessoires et mixtes (1).

On doit toutefois observer, dans ce dernier cas, que si la valeur de la chose contestée excédait les cas de l'Edit de fondation des Présidiaux, le demandeur avait le droit de conclure à une alternative contre le défendeur ; il pouvait alors demander le paiement d'une somme se trouvant dans les limites de l'Edit, auquel cas il était possible au défendeur, après paiement de la somme ainsi exigée, de s'affranchir de l'action intentée contre lui.

(1) JOUSSE, *op. cit.*, chap. 1er.

§ II

Dans le premier cas de l'Edit du mois de janvier 1551, se trouvaient comprises toutes les matières qui n'excédaient pas la valeur de *deux cent cinquante livres* tournois, pour une fois, ou *dix livres de rente* en revenu annuel de quelque nature et qualité que fût ce revenu (1). Dans ce cas, les Présidiaux prononçaient *sans appel* comme juges souverains et *en dernier ressort* sur tous les litiges amenés devant eux.

Au contraire, le deuxième cas de l'Edit comprenait toutes les matières civiles dont l'objet était *inférieur à cinq cents livres* tournois, ou *vingt livres de rente* en revenu annuel, comme il a été expliqué ci-dessus. Alors les Présidiaux n'en connaissaient que *par provision* et *nonobstant appel* tant en principal que dépens. Voici le texte :

ARTICLE II DE L'EDIT. — « *Pour, audit nombre*
« *de neuf magistrats..... Connaître, juger et déci-*
« *-der de toutes matières civiles et criminelles.....*
« *de toutes matières civiles qui n'excéderont la va-*
« *leur de 250 livres tournois de rente ou revenu*
« *annuel de quelque nature et qualité que soit le*
« *revenu, droits, profits et émoluments, dépendances*
« *d'héritages nobles ou roturiers qui n'excéderont la*
« *valeur pour une fois, de ladite somme de 250 livres*
« *tournois, en jugeront sans appel et comme les juges*
« *souverains et en dernier ressort, tant en instruc-*

____

(1) Edit de création du mois de janvier 1551. Cf. texte.

« *tion, incidents, que principal et des dépens procédans*
« *à cause desdits jugements, à quelque somme qu'ils*
« *puissent monter.* »

ARTICLE IV DE L'EDIT. — « *Voulons en outre que*
« *les sentences et jugements que par nosdits juges,*
« *Lieutenans et conseillers seront donnés, ainsi que ci-*
« *après sera dit, non excédans la somme de cinq cents*
« *livres tournois de rente ou revenu annuel et droit*
« *tel que dessus, soient exécutés par provision nonobs-*
« *tant l'appel, tant en principal que dépens, à quel-*
« *que somme que lesdits dépens se puissent monter,*
« *en baillant toutefois caution par ceux au profit*
« *desquels lesdits jugements et sentences auront été*
« *donnés, ou à tout le moins eux constituant pour*
« *raison de ce, acheteurs des biens et dépositaires de*
« *justice, déclarant par ce moyen que ne voulons ni*
« *entendons que les appellations qui interviendront*
« *et seront interjetées par les parties desdites sen-*
« *tences et jugements, aient aucun effet suspen-*
« *sif de l'exécution du juge, mais seulement dévolu-*
« *tif en nos cours souveraines, auxquelles enjoi-*
« *gnons faire droit aux parties le plus prompte-*
« *ment que faire se pourra, dont nous chargeons leur*
« *honneur et conscience. . . . .* »

§ III

Ainsi que l'indique le texte précédent, l'appel pouvait être interjeté au Parlement comme cour souve-
raine, mais malgré l'appel la sentence recevait exécution tant pour le principal que pour les dépens, et

celui en faveur de qui elle était rendue devait fournir caution, ou tout au moins se constituer dépositaire des choses ou sommes dites biens de justice, obtenues par le fait des sentences présidiales.

Quand ces tribunaux jugeaient par provision, nonobstant appel, on disait que leurs décisions étaient *au second chef* de l'Édit, tandis que leurs jugements étaient *au premier chef*, s'ils étaient rendus en dernier ressort.

Les parties adverses devaient connaître de la valeur des choses faisant l'objet du débat quand cette valeur paraissait certaine, et, au cas contraire, faire procéder à une estimation par experts. Si, après cette formalité remplie, la valeur excédait les cas de l'Édit, le demandeur pouvait restreindre ses prétentions à la somme de deux cent cinquante ou de cinq cents livres, et le défendeur pouvait, en payant cette somme, se libérer de la demande faite contre lui.

Une Déclaration donnée à Blois le 2 octobre 1571 ordonnait à ce sujet *que tous les baillis, leurs lieu-*
« *tenants généraux et particuliers, ensemble les*
« *lieutenants particuliers des sièges dépendans des*
« *principaux sièges des bailliages, tous les juges su-*
« *balternes ressortissans ès-cas de l'Édit aux*
« *sièges présidiaux, seront tenus de garder et faire*
« *garder ledit Édit; ce faisant d'enjoindre aux*
« *procureurs et praticiens de leurs sièges de faire*
« *la restriction au premier ou second chef de*
« *l'Édit, ou bien déclaration de la cause dont ils*
« *feront poursuite, dès le premier ou second ap-*

« pointement de ladite cause, fait défense aux gref-
« fiers desdits juges, leurs clercs ou commis, de
« délivrer aucun acte ou appointement, avant que
« ladite restriction ou déclaration ait été faite, à
« peine de nullité et de suspension auxdits procureurs
« et greffiers, de leurs états et charges et des dé-
« pens, dommages et intérêts des parties. Fait
« pareillement défense très expresse aux greffiers
« des mêmes sièges ressortissans ès cas de l'Edit
« aux sièges présidiaux, d'envoyer les procès des
« qualités de l'Edit ailleurs qu'auxdits sièges pré-
« sidiaux et ce, sous les peines ci-dessus dites ;
« lesquels procureurs et greffiers, en cas de contra-
« vention, y seront condamnés par lesdits juges
« présidiaux et les condamnations et jugements
« qui interviendront par eux exécutés nonobstant
« oppositions ou appellations quelconques et sans y
« préjudicier. Et pour sçavoir si l'Edit et cette Dé-
« claration auront été gardés, veut Sa Majesté que
« les lieutenans généraux, particuliers et conseillers
« des Présidiaux qui seront pour cet effet délé-
« gués, puissent se transporter sur les lieux ressor-
« tissans par devant eux ès-cas de l'Edit et y étant,
« s'informer diligemment si lesdits juges, leurs lieu-
« tenans et greffiers les auront gardés, et que pour
« ce, ils puissent contraindre lesdits greffiers, tant
« par condamnation d'amende, prison et suspension
« de leurs états, si le cas y échet, à leur montrer et
« exhiber les registres, tant des expéditions des
« causes verbales que par écrit, ensemble ceux
« qu'ils feront des procès par écrit, par eux en-

« *voyés, soit aux cours du Parlement, ou par de-*
« *vant les sièges présidiaux.....* »

Le défaut de restriction ou de déclaration dans les conditions ci-dessus avait, comme on le voit, des conséquences graves. Aussi les prescriptions royales sur ce sujet étaient-elles généralement suivies.

§ IV

Les Présidiaux connaissaient en outre *des servitudes, des actions négatoires*, *des demandes en retrait lignager et en retrait féodal* (1), des demandes en *déclaration d'hypothèques* pour des sommes ou rentes n'excédant pas les cas de l'Edit, des *droits, profits* et *émoluments dépendant d'héritages nobles ou roturiers* qui se trouvaient dans les limites des deux cas de l'Edit. Ils connaissaient pareillement des *contestations touchant les saisines féodales* et *censuelles*, et les *oppositions* pouvant survenir à ce sujet, tant de la part du saisi que de la part d'autres personnes prétendant à un droit souverain sur l'héritage saisi.

Les Présidiaux jugeaient tout ce qui avait trait aux *rentes foncières* emportant profits de lods et ventes, *saisines* et *amendes, champarts, terrages* et autres redevances seigneuriales.

(1) Voir CHENU, *Recueil de Règlements.*

§ V

C'était là une compétence générale appartenant à tous également, mais nous pouvons citer *un cas particulier* où *seul* le Présidial d'Orléans avait droit de décision. En vertu d'un usage remontant, croyait-on, au roi Philippe le Bel, la Basoche d'Orléans jouissait d'un droit tout spécial quand ses officiers, clercs des notaires et des procureurs du Châtelet, se mariaient dans l'étendue du Bailliage d'Orléans. Ces derniers devaient verser, à titre de *droit de ban*, dans les caisses de la Basoche la somme de 12 livres 16 sols, et le Présidial d'Orléans jugeait *en dernier ressort* toutes contestations relatives à ce droit.

§ VI

Il connaissait également des *appels* provenant des sièges royaux du Bailliage d'Orléans tels que Beaugency, Yenville, Yèvre-le-Châtel, Bois-Commun, Vitry et Neuville ; en deuxième lieu des appels du Bailliage de Gien — des appels des justices seigneuriales ressortissant au Bailliage d'Orléans, comme Pithiviers, Jargeau, Saint-Benoît-sur-Loire, Châteauneuf, Authon et d'autres ; enfin, des appels des justices non royales qui ressortissaient au Parlement dans les cas ordinaires. Nous pouvons indiquer à ce titre, et parmi plusieurs autres, les justices de Sully et Châteauneuf.

Au commencement du XVIIe siècle, ce ressort du

Présidial d'Orléans, comme juge d'appel. était beaucoup plus étendu, car il comprenait encore le Bailliage de Montargis, ainsi que les sièges royaux de Lorris et de Châteaurenard ; mais nous avons vu que le Bailliage de Montargis avait été érigé lui-même en siège présidial et par suite distrait du Bailliage et siège présidial d'Orléans.

Nous pouvons ajouter que les Présidiaux en général connaissaient aussi de *tous appels* interjetés à la suite *de dénis de renvois, d'incompétences* et autres *sentences* rendues *sur déclinatoires* dans les affaires au premier ou au second chef de l'Edit (1). Une preuve certaine nous en est fournie dans une sentence rendue au Présidial d'Orléans, le 7 décembre 1744, sur un appel porté de la Prévôté de la ville qui avait débouté un particulier de sa demande en renvoi à la Prévôté de l'Hôtel, sur le fondement que ce particulier y avait ses causes commises comme étant Lieutenant de louveterie (2), et il ne s'agissait du reste que d'une somme de quatre-vingts livres.

(1) « *Déclinatoire*, est lorsqu'une partie assignée devant un juge « décline sa juridiction, sous prétexte qu'elle n'est point son « justiciable.

« *Renvoi*, est lorsqu'une partie assignée devant un juge, « demande à être renvoyée devant un autre juge » (JOUSSE, *Traité de la Justice*, tome 1, p. 406).

— Il y avait *déni de renvoi* quand le juge refusait de renvoyer la partie devant un autre juge. (CF. JOUSSE, *loc. cit.*, p. 422).

— *L'appel d'incompétence* avait lieu quand le juge avait connu mal à propos d'une affaire qui n'était pas de sa compétence, quoiqu'on n'ait pas décliné sa juridiction (Ibid.).

(2) CF. JOUSSE, *Traité des Présidiaux*, p. 235.

Le Présidial jugeait pareillement *en appel* tous les *incidents* survenus dans les causes qui se trouvaient dans les cas de l'Edit tels que *compulsoires* et *appointements*, si toutefois le principal, en cas d'appel, devait être porté devant le Présidial.

On vit le fait se produire au Bailliage d'Orléans qui le trancha par une sentence en date du 21 janvier 1744.

§ VII

Un incident avait été soulevé dans une matière au premier chef de l'Edit. Il consistait en ceci qu'un tuteur avait fait convoquer la parenté d'un mineur pour décider s'il soutiendrait un procès intenté contre le mineur par une demande en première instance devant une justice subalterne. L'avis des parents avait été favorable; une homologation s'en était suivie; mais on fit appel de cette sentence et l'appel fut porté au Bailliage d'Orléans. Ce dernier déclara que les parties procéderaient au Présidial d'Orléans sur l'appel de cet incident, parce que la demande qui faisait l'objet du procès contre le mineur se trouvait dans les limites de l'Edit.

Plusieurs sentences du Présidial d'Orléans doivent être signalées comme ayant prononcé des *restitutions d'épices.*

On peut citer plus particulièrement celle du 13 août 1663 qui fut rendue contre le bailli de Cernoi sur appel d'une sentence du duché de Sully; celle du 20 juin 1692 rendue contre le prévôt d'Orléans ; une autre du 7 juin 1725, rendue contre le greffier de la Prévôté, et enfin celle du 13 juin 1746 contre le Lieutenant particulier de Yenville, rendue par jugement en dernier ressort.

§ VIII

Bien plus, les Présidiaux étaient *juges de leur propre compétence* toutes les fois qu'il y avait contestation à ce sujet entre les parties, sauf à celles-ci à se pourvoir contre leur jugement par toutes voies de droit.

Un arrêt du Grand Conseil, en date du 31 décembre 1688, décida, dans un différend de ce genre survenu entre les officiers du Présidial d'Orléans et ceux de la Prévôté, que les Présidiaux « *pou-* « *vaient juger en dernier ressort les renvois et* « *déclinatoires au premier chef de l'Edit, propo-* « *sés incidemment en l'instruction des causes et* « *matières de leur compétence* (1) ». Voici le cas :

Un différend avait surgi entre la Prévôté d'Orléans, représentée par le substitut de son procureur général et les officiers du Présidial d'Orléans. Le premier demandait qu'il fût fait défense aux officiers du Présidial de juger en dernier ressort les déclinatoires et renvois demandés par les justiciables de la Prévôté qui désiraient être jugés par elle. Les officiers, au contraire, requéraient l'entérinement d'une requête par eux présentée au Con-

---

(1) Voir JOUSSE, *op. cit.*; p. 151

seil du roi le 17 juillet 1688, dans le but d'être maintenus en la possession de leurs droits de se prononcer en dernier ressort sur les incidents de renvois et déclinatoires qui étaient incidemment proposés dans l'instruction des causes et matières de leur compétence, au premier chef de l'Edit.

Arguant de la coutume établie et dont on trouvait de nombreuses traces tant près les Présidiaux de Saint-Pierre de Moutiers et de Chartres que dans les registres du Présidial de Clermont, en Auvergne, « *contenant*, dit le texte, *que dans les* « *instances que l'on juge en leur Compagnie, prési-* « *dialement et en dernier ressort, lorsqu'une des* « *parties décline la juridiction du Présidial et* « *demande son renvoi en un autre siège, l'usage est* « *de juger en dernier ressort les déclinatoires de* « *même que le principal* », s'inspirant aussi de ce qui se faisait au Présidial de Châlons en Champagne dont deux conseillers déclaraient « *que les officiers* « *du Bailliage et siège présidial de Châlons, sui-* « *vant l'Edit de leur création, jugent les renvois et* « *déclinatoires proposés par devant eux dans les* « *causes renfermées dans le cas de l'Edit des Prési-* « *diaux, en dernier ressort et sans appel, ce qu'ils* « *ont vu juger et ont toujours jugé depuis 35 ans* « *qu'ils sont officiers* » ; écoutant pareillement les observations d'Adrien Gallard, Lieutenant en la Prévôté d'Orléans, et de Jacques Macé, conseiller assesseur, qui prétendaient que l'instance avait été introduite devant le Grand Conseil contre les officiers d'Orléans à leur insu et sans leur consente-

ment ; tenant compte encore d'une sentence rendue
au Présidial de Bourges et de divers arrêts prononcés par le même conseil ; ouï d'autre part les
conclusions du procureur général, le roi déclara que :

« *Icelui notre dit Grand Conseil, sans avoir*
« *égard à la demande des officiers de la Prévôté,*
« *a maintenu et gardé, maintient et garde les offi-*
« *ciers du Présidial d'Orléans en la possession de*
« *juger les incidens de renvois et déclinatoires par*
« *jugement en dernier ressort, lorsqu'ils seront inci-*
« *demment proposés en l'instruction des causes et*
« *matières de leur compétence au premier chef de*
« *l'Édit, sauf aux parties en cas de contravention,*
« *de se pourvoir à notre Conseil, et sur le surplus*
« *de l'instance a mis et met les parties hors de cour*
« *et de procès, tous dépens compensés*..... »

§ IX

Quelques arrêts antérieurs avaient bien décidé le
contraire, mais ils furent annulés et les officiers du
Présidial d'Orléans se trouvèrent ainsi maintenus
dans leurs droits. Le préambule de l'arrêt précité
de 1688 porte, du reste, que cette décision était
conforme à l'usage général des Présidiaux du
Royaume.

Les Présidiaux connaissaient de tous moyens de
fait ou de droit, que les parties pouvaient opposer ;
ils étaient en droit de juger les causes où *la qualité
d'héritier* ou *de femme commune en biens* était con-
testée incidemment, lorsque toutefois la valeur du
litige n'excédait pas le cas de l'Edit.

Sans doute, certains arrêts avaient paru établir l'opinion contraire ; mais, en les examinant dans leurs détails, on constate qu'ils ont été rendus pour des motifs particuliers et qu'ils se trouvent en pleine contradiction avec des arrêts postérieurs.

Tel celui du 10 juillet 1688 qui jugea que les Présidiaux ne cessaient pas d'être compétents pour connaître des causes où il s'agissait de qualités d'héritier ou de femme commune en biens.

Plusieurs fois cette thèse fut confirmée par le Présidial d'Orléans, et plus particulièrement dans une sentence du 27 avril 1750. Il s'agissait d'une renonciation à succession attaquée au principal et dont il y avait appel. Après plaidoiries de Mes Perche et Rozier, avocats, le Présidial d'Orléans refusa de s'en dessaisir au profit du Bailliage devant lequel on voulait porter la cause.

La même année, une femme ayant maître Rozier pour avocat, fut déboutée de sa demande de renvoi au Bailliage sur un appel de Beaugenci, et le Présidial d'Orléans se déclara compétent pour juger sa cause. Elle avait renoncé à la communauté de son mari ; mais sa rénonciation avait été attaquée comme nulle, parce que l'inventaire avait été fait en dehors de la présence des héritiers du mari. L'avocat Rozier arguait de là que la cause n'était plus de la compétence du Présidial ; mais ce dernier ordonna, tout au contraire, que les parties procéderaient devant lui. [Registres de l'audience présidiale. Causes civiles, de 1711 à 1790] (1).

(1) Arch. du Loiret, B., 734 à 811.

§ X

Le même Présidial avait rendu une sentence le 29 novembre 1690, pour trancher une question de *désaveu de Procureurs* entre les nommés Mahon, Chevalier et autres. Cette sentence fut confirmée par un arrêt du Grand Conseil du 29 octobre 1691, qui établissait ainsi formellement que les Présidiaux pouvaient connaître en dernier ressort ou par provision de tout ce qui était accessoire aux instances poursuivies devant eux.

Il est bon de remarquer ici que les Présidiaux décidaient aussi de *l'homologation des sentences arbitrales* au premier chef de l'Edit, quand les parties élevaient des contestations au sujet de cette homologation. C'est dans ce sens que s'était prononcé le Présidial d'Orléans le 24 mai 1712 à l'égard d'une sentence arbitrale prononcée pour une somme rentrant dans le premier chef de l'Edit.

§ XI

Enfin, le Présidial connaissait, ainsi que nous l'avions vu précédemment, des *appels* des sièges chargés de la *conservation des privilèges de l'Université.* Cette fonction avait été attribuée à la Prévôté par Philippe le Bel (lettres patentes des 15 juin 1312, 17 avril 1313).

La Prévôté étant alors le seul pouvoir existant, il était impossible de ne pas lui laisser le soin de

maintenir des droits qui eussent pu être contestés ;
mais l'Edit du mois de juillet 1552, dans son
article 1er, attribua aux Présidiaux la connaissance
des *causes* des Universités, quand ces causes n'excédaient pas les cas de l'Edit, tandis que l'article 3 du
même Edit, leur donnait la connaissance des appels
concernant les *privilèges* des Universités.

« A Orléans, nous dit Jousse (1), où les officiers
« de la Prévôté.. .. étaient Juges-conservateurs
« des privilèges de l'Université, par concurrence
« avec les officiers du Bailliage et siège Présidial,
« lorsqu'une affaire concernant ces privilèges était
« portée en première instance en la Prévôté, et que
« cette affaire était dans les cas de l'Edit, l'appel
« s'en portait au Présidial, quoique, dans tous les
« autres cas concernant ces mêmes privilèges,
« l'appel des sentences de la Prévôté, par une attri-
« bution particulière, se portât nûement au Parle-
« ment sans être porté auparavant au Bailliage,
« comme il l'était dans toutes les affaires ordinaires,
« suivant la loi générale établie pour toutes les
« Prévôtés. »

Cette communauté d'attributions fut la cause de
nombreux conflits entre les différentes juridictions.

Cependant, la Prévôté, qui était « la juridiction
des roturiers », marchait rapidement vers sa fin ;
« les mêmes motifs qui avaient déterminé sa créa-
« tion causèrent sa ruine. Née de l'accroissement
« de l'influence plébéienne, cette influence, touchant

(1) Jousse, *Traité des Présidiaux*, Partie 1re, ch. 2, p. 224
et 225.

« à son plus haut point de grandeur, devait être
« pour elle, une cause de destruction, il n'y avait
« plus ni roturiers, ni nobles, donc plus besoin de
« juridictions distinctes ; la juridiction des roturiers
« disparaissait dans celle des privilégiés » (1).

C'est ce qui eut lieu par l'Edit du mois de mars
1749, réunissant la Prévôté au Bailliage. Dès lors,
les seuls juges-conservateurs des privilèges de
l'Université furent les officiers du Bailliage et du
Présidial, cette dernière juridiction ne connaissant
en appel que des causes qui se trouvaient être dans
les cas de l'Edit de création.

§ XII

Les deux chefs de cet Edit subirent diverses
modifications à des époques successives (2). En
1557 (3), leur compétence fut portée de 500 livres
à 1.200 livres. De nouveau réduite à 500 par l'ordonnance de Moulins, elle fut élevée, en 1580 (4), à
1.000 livres tournois et retomba encore à 500, un
peu plus tard. Enfin, en 1744, on l'éleva jusqu'à
4,000 livres, mais l'Edit du mois d'août 1777 la
réduisit définitivement pour tout le Royaume.

(1) Eugène BIMBENET *La Prévôté d'Orléans, sa constitution,
sa composition, sa compétence territoriale, ses conflits avec le
bailliage présidial d'Orléans*, ouvrage manuscrit (Bibl. Orléans,
M. 1325).

(2) Voir LAURAIN : *Essai sur les Présidiaux*, 2ᵉ partie, De la
Juridiction).

(3) Edit de juin 1557.

(4) Edit de juillet 1580.

De ces sommes, les Présidiaux connaissaient en principal ; il entrait aussi dans leurs attributions de connaître en même temps des *dépens* prononcés contre la partie qui succombait dans l'instance, à quelque somme qu'ils pussent s'élever, et de se prononcer pareillement sur les *intérêts, fruits* et *revenus* des sommes réclamées dans l'instance, depuis la date de son ouverture, parce qu'ils étaient considérés comme une suite et une dépendance de cette instance.

Section II. — *Modifications particulières apportées à la compétence du Présidial d'Orléans*

§ Ier

Il est indispensable de citer tout d'abord à ce sujet un arrêt du Grand Conseil en date du 26 août 1611 qui touchait à la restriction des causes dans les cas de l'Edit :

« *Louis, par la grâce de Dieu roi de France......*
« *— Sçavoir faisons que par arrêt de notre Grand*
« *Conseil donné sur la requête en icelui présentée*
« *par le substitut de notre Procureur général au*
« *Bailliage et siège présidial d'Orléans, et notre*
« *bien aimé maître François Mesland, greffier du-*
« *dit Bailliage et siège présidial, tendant à fin que*
« *exécutant l'Edit de création et établissement des*
« *Présidiaux, il soit enjoint à tous les Baillis, Lieu-*
« *tenants généraux et particuliers, et tous autres*

« *juges subalternes ressortissant au Présidial*
« *d'Orléans au cas de l'Edit garder et conserver le*
« *contenu audit Edit; et ce faisant que ies Procu-*
« *reurs et praticiens desdits sièges feront la res-*
« *triction au premier ou second chef dudit Edit, et la*
« *déclaration des qualités des causes qu'ils pour-*
« *suivront dès le premier ou second appointement*
« *qui se fera en icelles et que défenses seront faites*
« *auxdits greffiers desdits juges, leurs clercs ou*
« *commis, de recevoir ou délivrer aucun acte ou*
« *appointement auparavant ladite restriction ou dé-*
« *claration, à peine de nullité et de suspension de*
« *leurs charges, dépens, dommages et intérêts des*
« *parties; et en outre qu'il sera enjoint auxdits gref-*
« *fiers d'envoyer les procès des qualités contenues*
« *audit Edit lors de l'appel audit siège présidial*
« *d'Orléans, et non ailleurs, et défenses aux parties*
« *et Procureurs de relever leurs appellations soit*
« *verbales ou par écrit, ès dits cas de l'Edit, ail-*
« *leurs que pardevant lesdits juges présidiaux, sur*
« *les mêmes peines, et d'être condamnés par lesdits*
« *Présidiaux en telles amendes qu'ils aviseront, les-*
« *quelles amendes seront exécutées nonobstant op-*
« *positions ou appellations quelconques et sans pré-*
« *judice d'icelles...* »

Ces injonctions et défenses touchant à la procédure étaient particulièrement énergiques en faveur
du présidial d'Orléans qui eut à les appliquer dans
divers cas et selon les décisions du moment; mais
malgré tout, si elles furent obéies dans la partie
qui prescrivait l'appel des causes dans certaines

conditions devant le Présidial d'Orléans, celui-ci crut pouvoir parfois déroger au texte royal enjoignant « *de garder et conserver le contenu de l'Edit* « *de création* ».

§ II

En effet, une sentence fut rendue en dernier ressort *et sans restriction*, le 20 avril 1695, dans une affaire qui comportait une demande incidente de 600 livres de dommages-intérêts, alors que la compétence du Présidial paraissait dépassée.

Le nommé Sébastien Archenault avait introduit une instance devant les juges présidiaux d'Orléans le 17 juin 1694, contre le notaire Pierre Langevin, substitué à Courcelles, et contre sa femme Mathurine Fleuri. Archenault avait obtenu une sentence exécutoire le 30 août 1694. Langevin et sa femme firent appel. Il fut produit diverses pièces parmi lesquelles « *copie d'une obligation passée, présent* « *Clément, notaire à Boiscommun, le 18 juin* 1693, « *de la somme de 625 livres, restant de plus grande* « *somme, par laquelle les dits Langevin et sa femme* « *s'obligent de payer audit Etienne Huguel ladite* « *somme, acte dudit Archenault du 15 septembre* « 1694, *requête à nous présentée le 29 octobre du-* « *dit an par lesdits Langevin et sa femme contre* « *lesdits Huguel et Deslas, aux fins d'être condam-* « *nés solidairement en leurs dommages et intérêts* « *pour lesquels ils se restreignent à la somme de* « 600 *livres.* »

« *Le tout considéré*, dit la sentence présidiale,
« *sans nous arrêter à l'opposition desdits Langevin*
« *et sa femme déclarés sans grief, et les condam-*
« *nons en l'amende et aux dépens; ce faisant, ordon-*
« *nons que ledit exécutoire de dépens sera exécuté*
« *sous la déduction de la somme de soixante-huit*
« *livres 13 sols, et en conséquence avons donné*
« *congé auxdits Deslas et Huguet père et fils, de la*
« *sommation-desdits Langevin et sa femme, et les*
« *condamnons envers eux aux dépens, et s'exécu-*
« *tera notre présent jugement nonobstant opposi-*
« *tions ou appellations quelconques et sans y avoir*
« *égard... Mandons au premier huissier royal de ce*
« *Bailliage ou autres seigneurs sur ce requis, qu'ils*
« *mettent les présentes nos lettres de sentence à dûe,*
« *pleine et entière exécution de point en point, selon*
« *leur forme et teneur : de ce faire nous vous don-*
« *nons plein pouvoir, puissance et autorité, de par*
» *le roi, notre Sire, de Son Altesse Royale Mgr le*
« *Duc d'Orléans, et de Justice... Donné et arrêté*
« *en la Chambre du Conseil du Bailliage et siège*
« *présidial d'Orléans, par nous Gabriel Curault,*
« *conseiller du roi et de Son Altesse Royale, Prési-*
« *dent ancien, Lieutenant général au Bailliage et*
« *siège présidial d'Orléans, commissaire enquêteur,*
« *examinateur desdits sièges, juge des exempts et*
« *cas royaux, conservateur des privilèges royaux*
« *de l'Université dudit lieu; maître Charles Colas,*
« *Nicolas Allego, François Peigné, rapporteur;*
« *Jacques Menault, François Paris et Henri-Fran-*
« *çois de la Roche, tous conseillers magistrats au-*

« *dit Bailliage et siège présidial d'Orléans, le 20 avril*
« *1695 et le 22 avril audit an. — Ladite sentence*
« *et pièces sur lesquelles elle est intervenue ont été*
« *mises au greffe civil du Bailliage et siège prési-*
« *dial d'Orléans, et a été icelle sentence montrée,*
« *signifiée et d'icelle fait lecture à maître Basile*
« *Destas, procureur en son nom, et audit Arche-*
« *nault en parlant à sa personne.... par jugement*
« *dernier... »*

§ III

La sentence ainsi rendue par le Présidial d'Orléans en dehors des limites de sa compétence peut
paraître étonnante, lorsque surtout on voit cette
décision prise *en dernier ressort*; mais ce qui ne
l'est pas moins, c'est l'arrêt du Grand Conseil du
19 décembre 1695, confirmatif du précédent jugement, alors surtout qu'un arrêt de la Cour du Parlement en date du 8 février 1649 avait fait défense
aux officiers du Présidial, Prévôté, Maire et Eche-
vins d'Orléans de connaître et juger d'autres matières que de celles à eux attribuées par les Edits
du roi, vérifiés en ladite Cour.

L'arrêt du 19 décembre 1695 est ainsi conçu :
« *Louis par la grâce de Dieu... roi... sçavoir*
« *faisons que comme par arrêt cejourd'hui donné*
« *en notre Grand Conseil entre notre bien-aimé*
« *Pierre Langevin, notaire substitué à Courcelles-*
« *le-Roi, et Mathurine Fleuri sa femme, deman-*
« *deurs et suivant la commission de notre Conseil*

« par eux obtenue le 13 mai 1695 dernier, suivant
« les exploits dudit an, du 25 dudit mois contrôlé
« à Orléans le même jour, aux fins de règlement
« de juges d'entre les Présidiaux d'Orléans et Par-
« lement de Paris, et y faisant droit, sans s'arrêter
« à tout ce qui s'est fait audit Présidial, les parties
« seront renvoyées audit Parlement pour y procéder
« sur l'appellation des demandeurs de la sentence
« dudit Présidial du 20 avril 1695, et ce qui a suivi
« audit siège, suivant les derniers errements avec
« condamnation de dommages-intérêts et dépens des
« défendeurs, d'une part ;

« Et Sébastien Archenault, manouvrier, défen-
« deur ; et encore maître Basile Destas, procureur
« au Châtelet d'Orléans ; maître Etienne Huguet,
« notaire royal et procureur au siège de Bois-Com-
« mun ; maître François Huguet, procureur audit
« Châtelet, et maître Etienne Huguet le jeune, pro-
« cureur au même siège de Bois-Commun, aussi
« défendeurs, assignés sur ledit règlement de juges
« de renvoi et requérant suivant leur requête pré-
« sentée en notre Conseil le 17 octobre dernier,
« d'être déclarés mal et follement assignés et relaxés
« avec dépens, d'autre part.

« Après que Evrard, avocat pour lesdits Lange-
« vin, présent à l'audience, et Fleuri sa femme,
« assistés de Céron leur procureur, a été ouï et a
« conclu en son dit règlement de juges et renvoi
« audit Parlement nonobstant et sans s'arrêter à la
« requête desdits procureurs en folle assignation
« dont ils seront déboutés et condamnés aussi aux

« *dépens; Chaudet, avocat pour ledit Archenault,*
« *assisté de la Page, son procureur, a persisté sui-*
« *vant ses défenses fournies à notre Conseil le même*
« *jour 17 octobre dernier; au renvoi de la cause des*
« *parties audit Présidial d'Orléans, pour y procé-*
« *der à exécution de leur dite sentence y rendre par*
« *jugement en dernier ressort et dépendances, ainsi*
» *que de raison aux dépens; de Cervier, avocat, etc.*

. . . .

« *Icelui notre dit Grand Conseil, sans s'arrêter au*
« *règlement de juges et à la requête en folle assi-*
« *gnation, a renvoyé les parties au Présidial d'Or-*
« *léans pour y procéder en exécution des sentences*
« *qui y ont été rendues, condamne Langevin et sa*
« *femme aux dépens envers Archenault, dépens*
« *compensés entre les autres parties et celles de*
« *Céron.*

« *Si donnons en mandement, au premier des*
« *huissiers de notre dit Conseil, ou autre notre huis-*
« *sier ou sergent sur ce requis, qu'à la requête*
« *dudit Archenault le présent arrêt il mette à dûe*
« *et entière exécution de point en point, selon sa*
« *forme et teneur, nonobstant oppositions ou appel-*
« *lations quelconques..... »*

§ IV

La lecture des précédents arrêts suffit à prouver
que le Présidial d'Orléans, pas plus que le Grand
Conseil, ne se croyaient tenus par le texte de la défense de la Cour du Parlement.

Il était pourtant explicite et formel :

« *Ce jour,* portait l'arrêt, *la Cour, toutes les*
« *chambres assemblées, ayant délibéré sur la lettre*
« *de substitut du Procureur général du Roy à*
« *Orléans du trentième du mois passé, escrite audit*
« *Procureur général et apportée à ladite Cour ce*
« *matin par les gens du Roy, faisant mention du*
« *refus fait par les gens tenans le Présidial audit*
« *lieu, d'exécuter les ordres et arrêts de ladite Cour*
« *à eux envoyés, et de ce qu'ils ont fait enregistrer*
« *une déclaration pour juger souverainement. Ouÿ*
« *lesdits gens du Roy en leurs conclusions à ce qu'il*
« *y fût pourvu, et lecture faite de ladite lettre, a*
« *arrêté et ordonné que les Lettres de ladite Cour*
« *et les arrêts d'icelle seront derechef envoyés aux-*
« *dits officiers du Présidial, Prévôté, Maire et*
« *Eschevins d'Orléans, auxquels enjoint de les rece-*
« *voir, faire enregistrer et exécuter incessamment*
« *à peine d'interdiction. Leur fait très expresse inhi-*
« *bition et défense de recevoir, déférer et reco-*
« *gnoistre autres ordres contraires à ladite Cour,*
« *donnés pour maintenir l'autorité du Roy et la*
« *tranquillité publique. Leur fait en outre défenses*
« *de cognoistre et juger d'autres matières que de*
« *celles à eux attribuées par les Edits du Roy véri-*
« *fiez en ladite Cour. Enjoint au Gouverneur et*
« *subjets dudit seigneur Roy de ladite ville, tenir la*
« *main à l'exécution, à peine d'estre déclarez per-*
« *turbateurs du repos public.*

« *Fait en Parlement, huitième février mil-six-*
« *cens-quarante-neuf.....* »

Malgré les Edits contraires et malgré les arrêts, la compétence du Présidial d'Orléans subit des modifications successives, et la plus remarquable assurément fut celle provoquée par l'Édit de mars 1749.

Section III. — Du Siège des causes de 40 livres au Présidial d'Orléans

§ Ier

Cet Édit en effet, portant réunion de la Prévôté d'Orléans au Bailliage de cette ville (1), établit un siège particulier pour juger *sommairement* et *en dernier ressort* toutes les causes qui n'excédaient pas la somme de 40 livres. En voici, du reste, la teneur dans son article 3 :

« *Ordonnons que les causes pures personnelles,*
« *non procédantes de contrats passés sous le Scel*
« *royal et qui n'excéderont pas la somme de*
« *40 livres, seront portées devant les officiers dudit*
« *Bailliage, lesquels au nombre de trois et en au-*
« *dience particulière jugeront sommairement et par*
« *jugement en dernier ressort lesdites causes, sans*
« *que les parties soient obligées de se servir du mi-*
« *nistère des procureurs, ni d'obtenir des commis-*
« *sions en la chancellerie présidiale. Voulons que*
« *les sentences par eux rendues contiennent la liqui-*

____

(1) La Prévôté fut réunie au Bailliage et non complètement supprimée à cause de la *finance* qu'il aurait fallu rembourser aux officiers évincés.

« *dation des dépens sans qu'il en soit fait une taxe*
« *séparément et qu'elles ne soient sujettes qu'au*
« *petit Scel..... »*

On entendait par *causes pures personnelles* toutes
celles dans lesquelles on agissait contre ceux qui
s'étaient personnellement obligés, soit en vertu
d'un engagement pris par eux : billet, cédule ou
promesse, soit en vertu d'un délit ou d'un quasi
délit. Telles étaient par exemple l'action intentée
par un ouvrier pour obtenir le paiement de son salaire, l'action intentée contre un huissier pour restitution de pièces, ou encore l'action pour injures
verbales.

Les *causes réelles*, au contraire, étaient celles qui
permettaient de revendiquer un objet entre les
mains d'un tiers, ou de faire valoir un droit de ser-
vitude.

Ces causes pures personnelles devaient être portées en première instance devant le Siège établi qui
avait sous sa juridiction, comme étant un démembrement du Bailliage, les justices seigneuriales du
ressort.

§ II

Lorsque les parties étaient en contestation sur la
valeur de la chose demandée, elle devait être *esti-
mée* au préalable, et, si elle excédait la somme de
40 livres, le demandeur pouvait réduire sa demande
et obtenir ainsi un jugement devant le Siège.

Si l'une des parties demandait son *renvoi* devant
un autre tribunal, prétendant que l'affaire n'était

pas de la compétence du Siège, c'était à ce dernier à en connaître et à en prononcer le renvoi s'il y avait lieu, par une décision ne comportant pas d'appel.

Tout ce qui avait trait à cette décision, tant en instruction qu'*incidents*, était pareillement de la compétence du Siège établi : ainsi en était-il des reconnaissances de billets, de vérifications d'écritures, de lettres de rescision incidentes, des inscriptions de faux, des qualités contestées d'héritier, ou de femme commune en biens, de l'adjudication des intérêts échus depuis la demande, de la condamnation par corps ; enfin de tout ce qui était accessoire et dépendait de la cause en général.

§ III

Dans ces sièges des causes de 40 livres, il n'y avait point de chancellerie : aussi lorsqu'une partie obtenait des lettres de rescision, ou voulait se faire restituer contre un billet n'excédant pas cette somme, il fallait qu'elle se pourvût en la chancellerie présidiale. Rien d'étonnant, du reste, puisque le siège ainsi créé pouvait être considéré comme un démembrement de celui du Présidial restant toujours le tribunal supérieur.

Quand il se produisait devant le Siège des *récusations* contre quelqu'un des juges, le cas devait être tranché devant le Siège même par trois juges dont l'un était appelé en remplacement de celui qui était récusé, et la sentence était rendue en dernier ressort.

§ IV.

Ce Siège des causes de 40 livres, *spécial à la ville d'Orléans*, était dispensé, par un règlement du 25 novembre 1750, de la formalité des présentations (1) ainsi que du paiement des droits y attachés. Les causes ainsi jugées étaient sujettes au sceau du Bailliage et non à celui du Présidial qui était plus coûteux. C'est ce qu'il faut entendre par les mots de la fin du texte qui nous occupe.

Par suite, sans pouvoir être confondu absolument avec le Présidial, ce Siège des causes de 40 livres apparaissait comme un tribunal d'exception, membre en quelque sorte du précédent et limitant sa compétence à de très petites affaires. Nous ne pouvions le passer sous silence à cause même de ses liens communs avec le Présidial d'Orléans.

Jousse, dans ses manuscrits à la Bibliothèque d'Orléans (2), nous a laissé à ce sujet quelques notes qui ne seront pas ici sans intérêt :

« Le Présidial, dit-il, et le Bailliage auquel la
« Prévôté vient d'être réunie en juin 1749, se com-
« pose d'un grand bailli, 2 présidents, 1 lieutenant
« général, 1 lieutenant criminel, 1 lieutenant par-
« ticulier, assesseur civil et criminel, 1 chevalier
« d'honneur, 16 conseillers, 2 conseillers hono-
« raires, 1 procureur et 2 avocats du roi, 1 greffier
« civil, 1 greffier criminel, 1 premier huissier au-

(1) Jousse, *op. cit.*, p. 309.
(2) Bibl. Orléans, M. n° 982.

« diencier et 7 autres huissiers audienciers dont
« 1 pour le criminel... »

Les données précédentes nous précisent bien
l'état de la Juridiction qui nous intéresse, au lende-
main de l'Edit de 1749.

Mais, malgré toutes ces modifications et créations
nouvelles, Daniel Jousse (1) regrette en ces termes
la suppression de la Prévôté :

« Le prévôt de la ville d'Orléans, avant la réunion
« de la prévôté au bailliage de cette ville, avait
« droit de juger seul en sa maison les causes des
« forains et les autres affaires qui requéraient cé-
« lérité, en conséquence de l'article 443 de la Cou-
« tume d'Orléans (édition Pothier, in-4°, 1772) et
« d'une possession immémoriale, confirmée par un
« arrêt du Parlement du 8 janvier 1575... par un
« autre du 21 juin 1684, servant de règlement entre
« les officiers de la prévôté de cette ville. On appe-
« lait cette juridiction privée le *Siège de la Cage*,
« parce que anciennement il y avait une espèce de
« cage ou de treillis, qui séparait l'endroit où était
« le prévôt de ceux qui assistaient à cette audience.
« Ce tribunal était toujours ouvert à ceux qui
« avaient besoin de se faire rendre justice et le
« prévôt devait toujours être prêt à y faire les
« fonctions de juge. Il est fâcheux que ce Siège ait
« été supprimé. »

Quoi qu'il en soit, la réunion de la Prévôté au
Bailliage-Présidial, suivie de la création du Siège

(1) JOUSSE, *Traité de l'administration de la justice*, tome 1er,
p. 245.

spécial dont nous venons de parler, marquait un progrès véritable dans l'amélioration de la justice. Elle la simplifiait, en tous cas, en supprimant une juridiction surannée, et mettait fin à de regrettables et incessants conflits.

Section IV. — Compétence des Présidiaux en général et plus particulièrement de celui d'Orléans, en matière criminelle.

§ Ier

Après avoir considéré les Présidiaux comme juges de première instance et d'appel dans les causes purement civiles, nous devons donner quelques notions sur leur juridiction au point de vue criminel.

Henri II, par un Édit de novembre 1554, attribua aux Lieutenants criminels des bailliages et des sièges présidiaux le pouvoir des prévôts et leur juridiction s'étendait sur les gens de guerre, les vagabonds, gens sans aveu, bannis et essorillés, enfin sur toutes personnes convaincues d'un crime prévôtal non commis dans une ville close.

Bientôt, les prévôts des maréchaux furent rétablis et l'ordonnance de 1670 sur la procédure criminelle (titre Ier, art. 12) confirma ou augmenta leurs attributions. Enfin la Déclaration de février 1731 fixa avec précision leurs pouvoirs.

« Les *càs prévôtaux*, dit Laurain (1), considérés

(1) *Op. cit.*, p. 169.

« au point de vue des personnes. étaient : la men-
« dicité, les crimes commis par les vagabonds et
« gens sans aveu, c'est-à-dire n'ayant ni profession,
« ni métier, ni domicile certain, ni lieu pour sub-
« sister; tous les crimes commis par des accusés
« précédemment condamnés en dernier ressort à
« quelque peine corporelle, bannissement ou
« amende honorable, tous excès, oppressions ou
« autres crimes commis par des gens de guerre,
« tant dans leur marche que dans les lieux d'étapes,
« d'assemblée ou de séjour durant leur marche;
« enfin la désertion.

« Considérés quant à la nature du crime, les cas
« prévôtaux étaient : vols commis sur les grands
« chemins, parmi lesquels ne sont pas comprises
« les rues des villes et des faubourgs, les vols avec
« effraction, lorsqu'ils sont accompagnés de port
« d'armes et de violence publique, ou lorsque il y a
« effraction de murs de clôture, porte et fenêtres
« extérieures; les sacrilèges accomplis dans les
« mêmes circonstances ; les séditions et émotions
« populaires ; les attroupements avec port d'armes,
« les levées de gens de guerre sans commission
« royale, la fabrication ou exposition de fausse
« monnaie ... » (1).

Les *cas prévôtaux* étaient en général des *cas pré-sidiaux* (2), parce qu'on pensait que de tels crimes

(1) Voir également : JOUSSE, *Traité de la justice criminelle* et *Traité de la juridiction des Présidiaux*, p. 310 et seq.

(2) Nous croyons toutefois devoir faire remarquer que certains crimes énumérés par M. Laurain, dans sa liste des cas prévôtaux, étaient des *cas-royaux* dont la connaissance était réservée aux

étaient indignes de la faveur de l'appel. Aussi les Présidiaux eurent-ils le droit d'en connaître par concurrence et prévention avec les prévôts des maréchaux. Ainsi en décidèrent les ordonnances de Moulins et de Blois ; la première dans son article 46 et la deuxième dans son article 201. La sentence de mort seule était soumise à appel. Dans tous les autres cas, le jugement était *en dernier ressort*.

L'Edit de mai 1788 dépouillait totalement les Présidiaux de leur pouvoir. Ils ne pouvaient plus connaître des crimes et des délits qu'à charge d'appel. Mais on vit bientôt les inconvénients de cet état de choses et on revint au règlement élaboré par la Déclaration de 1731, qui eut force de loi jusqu'à la Révolution.

Il faut ajouter cependant que les Présidiaux ne pouvaient juger des crimes même prévôtaux commis dans l'étendue des villes où siégeaient les Parlements et que, pareillement. leur échappaient ceux commis par les ecclésiastiques, les gentilshommes, les secrétaires et domestiques du roi, les officiers de judicature (1). Bien plus, les complices de ces personnes ne pouvaient être jugés par les Présidiaux qu'avec le bénéfice de l'appel.

En cas de concurrence de procédure, les Présidiaux avaient la préférence sur les prévôts des maréchaux.

Baillis, tels : les excès et crimes commis par les gens de guerre et les contraventions pour port d'armes. (Cf. Jousse, *Trait. adm. de la just.*, tome I, p. 122.)

(1) Ces différentes personnes étaient jugées au criminel en la première chambre du Parlement.

Ils connaissaient encore des rébellions commises même en dehors de leur ressort, à l'exécution de leurs jugements, mais seulement à charge d'appel. Enfin ils jugeaient la compétence des prévôts des maréchaux et des lieutenants criminels dans les cas prévotaux (1).

Si les Présidiaux connaissaient en dernier ressort de tout ce qui était nécessaire pour l'instruc-tion des jugements et par suite des récusations incidemment proposées contre les prévôts des maréchaux, ils ne pouvaient connaître également des fautes commises par les officiers de la maréchaussée qui échappaient à leur compétence. Tout ce qui leur était permis de faire dans ce cas était de dresser procès-verbal pour envoyer les officiers coupables devant les Cours souveraines.

Le Présidial d'Orléans avait voulu décider le contraire ; mais un arrêt du Parlement de Paris, du 7 janvier 1610, infirma sa sentence, de même qu'un arrêt du Grand Conseil, du 30 juin 1611, avait défendu le même principe contre le Présidial d'Evreux.

§ II

On peut se demander ici si les condamnations aux amendes étaient de la compétence des Présidiaux. Il faut établir une distinction en s'inspirant des articles 77, 78, 102, 103, 107, 108, 156, 157, 158 et suivants de la Coutume d'Orléans. Les

_____

(1) Cf. LAURAIN, *op. cit.*, p. 173.

amendes relatées dans ces articles et qui se payaient pour ventes-recels, défaut d'aveu, etc., étaient dites *domaniales*, parce qu'elles se trouvaient attachées à la possession des terres. D'ailleurs ayant été établies par les Coutumes et les Ordonnances, elles entraient dans la limite de la compétence des Présidiaux et pouvaient être prononcées par eux. Il en était autrement de celles appelées *de loi* et qui étaient infligées par les juges sous forme de peines. Les Présidiaux ne pouvaient les prononcer qu'à *charge d'appel*.

Section V. — Devoirs des Présidiaux touchant les jugements de compétence en matière criminelle.

§ Ier

Les Présidiaux étaient tenus de juger au préalable toute question de compétence concernant les accusés quand leur jugement devait être rendu en dernier ressort. *Le délai* qui leur était octroyé *pour prononcer la sentence* était au plus de *trois jours*. Ainsi en avaient décidé un arrêt du Grand Conseil du 16 mai 1608 et un autre du 30 juin 1618 dont l'article 33 était formel en ce qui concerne Orléans. Les Présidiaux avaient pour défense de prendre des émoluments dans ces sortes de jugements de compétence. Cela avait été tranché plus particulièrement pour Orléans par l'arrêt du 30 juin 1618 cité précédemment, mais d'autres l'avaient précédé pour

Armagnac et Evreux, tandis que trois au moins le
suivirent pour le confirmer. Ce furent les arrêts du
2 mai 1663 pour Andely, du 2 août 1688 pour Poitiers et du 30 août 1702 pour Angers.

Les jugements que les Présidiaux rendaient pour
les cas prévôtaux étaient toujours en première instance
et *en dernier ressort*. Ils différaient par là des bailliages dont les sentences demeuraient toujours susceptibles d'appel. Parfois les Parlements en rece-
vaient quand même appel et alors le conflit entre les
Présidiaux et les Parlements était porté et se
réglait devant le Grand Conseil.

Il fallait sept juges présidiaux pour que la sentence fût rendue sans appel et au besoin on prenait
les gradués comme suppléants. Tous les officiers
ayant assisté au jugement devaient signer à la mi-
nute.

Remarquons encore que, si un conflit s'élevait
entre le Lieutenant criminel du Présidial et le Prévôt des maréchaux au sujet d'un cas prévôtal, il
était tranché devant le Grand Conseil.

Deux « dictons » de toute sentence devaient être
dressés, l'un pour le prévôt chargé de l'exécution et
l'autre pour les archives du siège où le procès avait
été jugé.

Terminons nos données sur ce point en disant que
les greffiers des Présidiaux devaient, en vertu de la
Déclaration du 5 février 1731, envoyer tous les six
mois au procureur général du Parlement un extrait
de leurs registres, au préalable signés par eux et
visés par les lieutenants généraux et procureurs du

roi de leurs sièges. Ils y inséraient dans leur inté-
gralité les jugements de compétence rendus au Présidial dont ils faisaient partie et la prononciation desdits jugements.

Telles étaient les notions succinctes auxquelles
nous devions réserver une place ici pour ne pas laisser de trop grandes lacunes dans l'exposé général
de la compétence des Présidiaux et de celui d'Orléans
plus particulièrement.

Section VI. — Effet des jugements.

§ Ier

Demandons-nous maintenant quels étaient les effets
de tous jugements prononcés par le Présidial d'Orléans, comme par les autres juridictions de même
degré.

D'après l'Edit de création du mois de janvier 1551,
l'appel des jugements rendus par un Présidial, au
premier chef de l'Edit, ne pouvait être reçu, car il
décidait souverainement en la circonstance comme
tribunal supérieur.

Etaient seulement susceptibles d'appel au Parlement les sentences rendues présidialement au
second chef de l'Edit, quoique l'exécution eût toujours lieu provisoirement tant en principal que dépens. C'est ce que reconnaît Jousse, en ce qui touche
tout spécialement le Présidial d'Orléans :

« Les usages, dit cet auteur (1), [suivant des ma-
« nuscrits que j'ai vus de M. de la Boissière, ancien
« conseiller au même siège] quand une partie est
« appelante au Parlement d'une sentence rendue par
« jugement dernier, ont toujours été de faire assi-
« gner l'huissier à ce qu'il ait à rapporter par corps
« la commission prise au Parlement, pourvu que ce
« soit dans les vingt-quatre heures de l'intimation
« au Parlement, et de faire assigner en même
« temps la partie pour lui être fait défense de se ser-
« vir de cette commission. »

Nous avons déjà cité du reste un arrêt du Grand
Conseil à la date du 31 décembre 1688, qui mainte-
nait en faveur des officiers du Présidial d'Orléans
le droit de juger en dernier ressort les déclinatoires
qui se trouvaient limités au premier chef de l'Edit ;
on peut *a fortiori* affirmer que le même droit s'exerçait quand il s'agissait de jugements définitifs prononcés dans les mêmes conditions et limites. Des
lettres patentes du 10 avril 1750, enregistrées au
Présidial d'Orléans le 30 juin suivant, confirmaient
cette assertion en ordonnant l'exécution de la Déclaration du 27 décembre 1574 ; de telle sorte que la
forme de prononcer les sentences au Présidial d'Orléans quand l'affaire était purement civile, était la
suivante : Le jugement était rendu en dernier ressort pour les causes du premier chef de l'Edit ; il
restait provisionnel pour les causes du deuxième
chef, et, en matière criminelle, le jugement présidial
était toujours prononcé en dernier ressort.

(1) JOUSSE, *Traité de la Juridiction des Présidiaux*, p. 250.

§ II

Au cas de *partage des voix* des officiers présidiaux dans la délibération, l'affaire, en règle générale, devait être soumise à l'appréciation du Présidial le plus voisin. Il en fut ainsi tout d'abord au Présidial d'Orléans qui renvoyait en pareil cas devant le siège présidial de Chartres ou celui de Blois.

Ce moyen occasionnait de grands frais aux parties. Aussi l'usage changea et le Présidial d'Orléans prit pour habitude de faire départir le litige par un des officiers de son siège qui n'avait point assisté au procès, ou bien encore par un des avocats ou procureurs du roi. Il y était pleinement autorisé par un arrêt de la Cour du 30 juin 1689 dont l'article 32 établissait « *qu'en cas de partage d'opinions, soit à* « *l'audience ou chambre du Conseil, le procès sera* « *déparli par un officier du siège qui n'aura point* « *opiné, ou à défaut, par les avocats et procureurs* « *du roi sinon par l'ancien avocat du siège.* »

Cet arrêt sans doute avait été rendu pour servir de règlement entre les officiers du Présidial d'Angoulême ; mais ceux d'Orléans, dans la pratique, en avaient bénéficié pour y conformer leurs usages.

En résumé, nous dirons que les sentences rendues par un Présidial avaient force de chose jugée si les parties n'interjetaient pas appel *dans la huitaine* après la signification à personne. En cas d'appel des jugements de compétence, il était porté devant la Cour du Parlement, et enfin quand un Présidial confirmait une sentence portée devant lui par appel, l'usage était de déclarer l'appelant « sans grief » et de le condamner à l'amende et aux dépens.

Section VII. — Fonctions spéciales des Présidiaux et des Chancelleries présidiales : Au siège d'Orléans particulièrement.

§ 1er

Les Présidiaux procédaient eux-mêmes à *la réception des conseillers de leurs sièges*, et Jousse atteste avoir vu cette pratique suivie à Orléans en vertu d'une déclaration du roi Henri III.

On pourrait objecter peut-être que, par suite d'une autre ordonnance du même roi, datée du 27 mars 1578 et signalée par certains auteurs, les conseillers devaient être reçus au Parlement ; mais il ne s'agit dans cette déclaration que des conseillers attachés aux sièges particuliers des Bailliages et Sénéchaussées, et non des officiers des Présidiaux.

Bien plus, les Lieutenants et Conseillers des sièges particuliers des Bailliages, aussi bien que les Procureurs et avocats du roi attachés à ces sièges pouvaient être reçus devant les Présidiaux quand de ces derniers dépendait l'appel de leurs sentences dans les cas de l'Edit.

Maintes fois le fait s'était produit au Présidial d'Orléans où avaient eu lieu les cérémonies de réception de certains procureurs du roi au Bailliage et même d'officiers au Bailliage de Gien.

§ II

L'enregistrement des Edits, Déclarations et Lettres patentes était encore une fonction des Présidiaux en leurs audiences, ainsi que l'avait déclaré M. de Pontchartrain, Chancelier de France, dans sa lettre du 13 août 1709 adressée à M. de Troyes, président au Présidial d'Orléans :

« Monsieur,

« *Puisque vous me demandez ma décision sur le*
« *différend que vous avez avec les officiers du Bail-*
« *liage, touchant l'enregistrement des Edits, Décla-*
« *rations et Lettres patentes, je vous dirai qu'après*
« *avoir examiné tout ce qui m'a été proposé à ce*
« *sujet, tant de votre part que de la part des offi-*
« *ciers du Bailliage, il me paraît que dès qu'il*
« *n'y a pas d'usage certain dans votre siège*
« *là-dessus, et qu'il n'y a d'ailleurs aucune loi*
« *qui détermine précisément si cet enregistrement*
« *doit être fait au Présidial ou au Bailliage, on ne*
« *peut prendre un meilleur parti que de le faire*
« *dans l'une et l'autre juridiction. On préviendra*
« *par là toutes difficultés qui ne manqueraient pas*
« *de naître dans la suite, si l'on décidait conformé-*
« *ment à l'article 26 du règlement de Tours dont*
« *vous me parlez, puisqu'il faudrait discuter à*
« *chaque Edit et à chaque Déclaration s'il regarde*
« *le Présidial, ou le général de la Compagnie, ou le*
« *Bailliage seulement.*

« *Non seulement ce tempérament doit vous conci-*
« *lier les uns et les autres à cet égard; mais il sera*
« *même très avantageux pour le bien de la Justice,*
« *puisque, enregistrant les Edits et Déclarations au*
« *Présidial et au Bailliage, le public en aura une*
« *plus parfaite connaissance et pourra les mieux*
« *exécuter. Je mande la même chose aux officiers*
« *du Bailliage.....* »

§ III

Un des cas les plus célèbres d'enregistrement
fait au Bailliage et siège Présidial d'Orléans, fut
celui de la Déclaration du 2 octobre 1571, donnée à
Blois et précédemment citée.

Elle avait été tout d'abord enregistrée au Parlement le 7 juin 1572, et ensuite au Bailliage d'Orléans
le 1er juillet suivant. Elle fut lue et publiée au Bailliage de Gien dépendant de celui d'Orléans pour les
cas présidiaux, après avoir été présentée à cet effet
par M. Le Maire, conseiller au Présidial d'Orléans.
De même, la lecture et la publication eurent lieu au
Bailliage de Montargis qui dépendait lui aussi d'Orléans à cette époque pour les cas présidiaux; mais
par le ministère du commis greffier du Présidial
d'Orléans député à cet effet, parce que les greffiers
du Bailliage de Montargis s'étaient refusés à faire
cette publication.

A cette occasion, le Présidial d'Orléans fut appelé
à rendre une sentence le 24 mars 1597. En effet, le
Procureur du roi avait adressé une requête dans le

but d'obliger les procureurs au Bailliage de Montargis à faire restriction et déclaration si les causes dont ils étaient chargés étaient du chef de l'Edit, et ils y furent condamnés à peine de vingt écus d'amende contre chacun. Il fut enjoint pareillement au greffier du Bailliage de Montargis d'avertir les procureurs qu'ils eussent à faire ces restrictions et déclarations, sinon le greffier devait se refuser à recevoir les causes présentées par les procureurs.

Pour savoir si les procureurs et le greffier se conformeraient à la teneur de la sentence, les juges avaient ordonné que ledit greffier de Montargis apporterait deux fois par an ses registres au Présidial d'Orléans.

On interjeta appel de cette sentence au Parlement. Un arrêt de la Cour, en date du 4 septembre 1604, infirma la dernière partie concernant le transport des registres du greffe de Montargis à Orléans, mais la sentence fut maintenue pour le reste.

§ IV

D'ailleurs, un nouvel arrêt du Grand Conseil, prononcé le 26 août 1611, ordonna l'exécution en son entier de la Déclaration royale du 2 octobre 1571. Il fut obtenu à la requête du Procureur du roi, au Présidial d'Orléans, et fut lu, publié et enregistré au même siège le 4 octobre suivant.

A cause même de l'importance de cet arrêt, le Présidial d'Orléans rendit le même jour, 4 octobre 1611, une sentence par laquelle il confia à deux conseillers de son siège le soin de se transporter avec les avocats et les procureurs du roi dans les différents lieux qui étaient de son ressort pour y faire publier et enregistrer ces deux arrêts.

MM. Maurice Egrot et Louis Fouet, comme conseillers assistés de Maître Nicolas Massard, comme avocat au siège présidial d'Orléans, et du greffier du Bailliage, ainsi que de deux huissiers, se rendirent dans les villes ou bourgades de Cléry, Beaugency, Meung, Cercottes, Toury, Yenville (Janville), Neuville, Pithiviers, Yèvre-le-Châtel, Boiscommun, Beaune, Montargis, Châteauregnard (Châteaurenard), Châtillon-sur-Loire, Châteauneuf, Gien, Lorris, Sully-sur-Loire, Saint-Benoît, Vitryaux-Loges et Jargeau.

Ils y firent publier, du 10 au 25 octobre 1611, les édits, déclarations et arrêts précités et rédigèrent un procès-verbal qui fut signé par MM. Egrot et Fouet.

Le Trésor du Présidial d'Orléans conserva précieusement ces pièces qui prouvent combien ce siège appréciait son droit de publication et d'enregistrement comme étant l'une de ses plus importantes fonctions.

§ V

Les Présidiaux avaient aussi dans leurs attributions de dépêcher sept de leurs membres pour faire *la visite des prisons* de leur ressort aux fêtes de Pâques et de Noël. L'article 11 du règlement du

Conseil du 31 août 1689 l'avait ainsi décidé entre les officiers du Présidial d'Orléans. Il portait « *que* « *le Lieutenant général ira les veilles de Pâques et* « *de Noël aux prisons, assisté du Procureur du roi* « *et du greffier, où pourront aussi assister sept des* « *plus anciens conseillers qui se trouveront au siège* « *à l'heure ordinaire pour y juger les causes entre* « *les prisonniers et les parties civiles qui seront en* « *état, sans que les conseillers puissent prétendre y* « *faire aucune fonction de police ....* »

L'Ordonnance du mois de mars 1549, dans son article 4, chargeait les juges de s'informer des prisonniers, des causes de leur emprisonnement, de la date de leur entrée aux prisons, ainsi que des plaintes qu'ils pouvaient avoir à formuler. Ils devaient, en outre, dresser un procès-verbal de leur visite où étaient consignées toutes leurs remarques et sur lequel le Procureur du roi et le greffier apposaient leurs signatures.

§ VI

Quant aux chancelleries présidiales, nous observerons qu'elles expédiaient, au nom du roi, toutes les commissions et lettres nécessaires pour la distribution de la justice présidiale. Elles comptaient dans leur sein un garde des sceaux, en même temps conseiller au siège, un clerc commis à l'audience pour sceller les expéditions qui s'y délivraient, des huissiers audienciers de chancellerie, supprimés en 1694 et réunis aux huissiers audienciers des

Présidiaux, des greffiers garde-minutes et expéditionnaires des lettres de chancellerie : mais ces derniers furent réunis, à Orléans, à la Communauté des Procureurs du Châtelet par un arrêt du Conseil du 30 janvier 1694.

Il avait été créé, en outre, par un édit du mois de novembre 1702, des offices de secrétaires du roi dans chaque chancellerie. Un nouvel édit de décembre 1708 les supprima et les remplaça par de nouveaux offices, dont deux furent attribués spécialement au siège d'Orléans.

Mais ceux-là même disparurent en vertu d'un édit du mois de juin 1715, qui fixa, dans son article 2, le nombre des officiers des chancelleries présidiales à un conseiller garde-sceaux, deux secrétaires du roi audienciers, deux secrétaires du roi contrôleurs et deux conseillers secrétaires. Toutefois, les Présidiaux compris dans l'apanage de M. le Duc d'Orléans, ainsi que leurs chancelleries, furent maintenus dans l'état précédent, de telle sorte que vers 1750 la chancellerie du Présidial d'Orléans comptait un conseiller garde des sceaux, un clerc commis à l'audience et préposé à la recette des émoluments du Sceau ; mais le greffier du siège du Présidial était chargé des expéditions, tandis que les procureurs avaient la garde des minutes, comme remplaçant les greffiers garde-minutes.

Les actes expédiés par ces chancelleries, d'après l'édit de décembre 1557, et un arrêt du Conseil du 7 août 1697 (1) comprenaient :

(1) Rendu pour Amiens.

« *Toutes commissions pour assigner au Présidial*
« *tant en première instance que par appel, sur de-*
« *mandes en garanties, sommations, anticipations,*
« *acquiescements, reprises d'instance, constitutions*
« *de nouveau Procureur, oppositions, compensa-*
« *tions, interventions, péremptions, ou pour pro-*
« *céder sur des appellations principales, incidentes,*
« *renvois, incompétences, compulsoires, désertions*
« *ou autres demandes dans les deux cas de l'Edit*
« *des Présidiaux...*

« *Toutes lettres de rescision ou restitution, né-*
« *cessaires pour le jugement des instances et procès*
« *dans les deux cas de l'Edit, même dans les ins-*
« *tances qui se poursuivent par devant les juges du*
« *ressort du Présidial.* »

Il y eut des règlements du Conseil en date du
20 août 1703 et 17 mars 1704, rendus pour les
Présidiaux de Laon, Riom, Saint - Pierre - le -
Moutiers, La Rochelle, et un arrêt du Conseil du
25 janvier 1706 rendit l'article 5 commun pour
Orléans (1).

*Section VIII. — Jours d'audience au Bailliage
et au Présidial d'Orléans* (2)

§ 1er

Pour terminer ce que nous avons à dire sur toutes
ces questions se rattachant à l'exercice de la Juri-

____

(1) *Histoire de la Chancellerie*, tome II, p. 471-473 ; 481-484,
édition de 1706.

(2) Nous ne croyons pas inutile d'indiquer ici que les audiences
du Présidial, ainsi d'ailleurs que de toutes les institutions ayant

diction du Présidial d'Orléans, nous allons citer un arrêt du Conseil d'Etat en date du 22 février 1706, rendu pour Orléans, qui ordonnait la séparation des jours d'audience au Bailliage et au Siège présidial :

« *Le roi s'étant fait représenter les Edits de créa-*
« *tion des Présidiaux et officiers en iceux, ensemble*
« *les Edits, Déclarations, arrêts et règlements ren-*
« *dus tant sur le fait de la Juridiction présidiale*
« *que de l'ordinaire des Sénéchaussées et Bailliages*
« *joints et unis aux Présidiaux, sont obligés de tenir*
« *deux fois la semaine pour le moins l'audience*
« *pour les causes présidiales, et de la commencer*
« *depuis Pâques jusqu'à la Saint-Michel, à l heure*
« *de 7 heures du matin, et depuis la Saint-Michel*
« *jusqu'au jour de Pâques, à 8 heures, et icelle*
« *continuer jusqu'à 10 heures, et que les causes*
« *ordinaires et présidiales ne se jugeront en même*
« *jour et même temps ; qu'au contraire il y aura*
« *distinction des jours et heures, les unes pour les*
« *causes ordinaires, les autres pour les causes pré-*
« *sidiales. Et Sa Majesté étant informée que les*
« *officiers du Bailliage et siège présidial d'Orléans,*
« *sous prétexte de ce que l'article* 1er *du Règlement*

le privilège de justice dans la ville et sa banlieue, se tenaient dans les salles du Châtelet alors situé sur l'emplacement du *quai du Châtelet* actuel Dans la salle principale qui était celle du Bailliage, un banc était réservé aux écoliers de l'Université. C'est dans cette salle que siégeait le Présidial.

Le Châtelet disparut en 1789, les tribunaux furent alors installés dans l'Hôtel de Ville où siégèrent plus tard le tribunal d'appel et le tribunal de première instance, transportés ensuite au Palais de Justice, rue de la Bretonnerie.

« rendu entre eux le dernier août 1689, par lequel
« en ordonnant que le second président aura voix
« délibérative aux affaires du Bailliage qui sont
« hors les cas de l'Edit, il ne sera pas obligé de
« quitter sa séance ordinaire, affectent de confondre
« les audiences présidiales avec celles du Bailliage,
« en jugeant en même jour et en même tems les
« causes ordinaires et présidiales, contre la dispo-
« sition des Edits et Règlements par lesquels cette
« confusion est défendue, comme préjudiciable aux
« sujets de Sa Majesté, en ce qu'on y juge souvent
« à l'ordinaire, la plupart des causes qui doivent
« l'être présidialement et en dernier ressort ; ce qui
« consomme les parties en frais par les appella-
« tions qui sont portées au Parlement des sentences
« rendues à l'ordinaire pour des sommes très mo-
« diques et beaucoup au dessous des deux cas de
« l'Edit des Présidiaux ; outre qu'il est indécent de
« voir en une même séance deux différents officiers
« alternativement présider, prendre les opinions
« et prononcer, et que la plus grande partie du
« tems des audiences qui serait plus utilement
« employée à l'expédition des affaires qui re-
« quièrent célérité, se consomme à expliquer de
« quelle nature est l'affaire qui est appelée, avant
« que de la plaider, pour sçavoir qui doit y prési-
« der et prononcer, à quoi Sa Majesté voulait
« pourvoir et remédier à un pareil abus par la
« séparation des jours d'audience dudit Bailliage
« et siège présidial.
    « Oui le rapport du sieur Maboul, conseiller du

« roi en ses conseils, maître des requêtes ordinaires
« de son Hôtel, et tout considéré, Sa Majesté en
« son conseil a ordonné et ordonne que les Edits,
« Déclarations, Arrêts et Règlements concernant
« la Juridiction présidiale seront exécutés selon
« leur forme et teneur au Bailliage et Siège prési-
« dial d'Orléans, ce faisant et conformément à
« iceux, en interprétant en tant que besoin serait
« ledit arrêt du Conseil du dernier août 1689 ; qu'il
« sera tenu deux audiences présidiales : sçavoir une
« tous les lundis, à 7 heures du matin en été et à
« 8 heures en hiver, jusqu'à 10 heures, sans qu'on
« puisse appeler tant au rôle que par placets,
« autres causes que celles des deux cas de l'Edit,
« tant en première instance que par appel ; et
« l'autre tous les mardis de relevée pour les matières
« sommaires non excédantes la somme de 500
« livres, et pour ce qui est des audiences dudit
« Bailliage ordinaire, il en sera pareillement tenu
« deux les mardis et vendredis matin de chaque
« semaine aux heures ci-dessus, tant pour les
« causes du rôle que par placets ; et en cas qu'il
« soit porté à l'audience présidiale des causes de
« l'ordinaire, elles seront renvoyées à celles du
« Bailliage ; et s'il se trouve des causes présidiales
« à l'audience du Bailliage elles seront pareille-
« ment renvoyées à celle du Présidial. Fait Sa
« Majesté défense de mettre dans le rôle du Prési-
« dial d'autres causes que celles en première ins-
« tance qui sont dans les deux cas de l'Edit et
« toutes celles procédantes auxdits deux cas des

« *Châtellenies royales, Prévôté d'Orléans et de*
« *toutes les autres justices subalternes du ressort*
« *dudit siège, et à l'égard des rôles dudit Bailliage,*
« *ils seront composés des causes en première ins-*
« *tance et par appel procédantes tant de ladite Pré-*
« *vôté d'Orléans qu'autres justices subalternes du*
« *ressort dudit Bailliage, qui sont hors les deux cas*
« *de l'Edit. Enjoint Sa Majesté au sieur de Bouville,*
« *intendant de la Généralité d'Orléans, de tenir la*
« *main à l'exécution du présent arrêt, lequel sera*
« *lu et publié aux audiences dudit Bailliage et Siège*
« *présidial d'Orléans, registré ès-registres desdits*
« *sièges et exécuté nonobstant oppositions ou appel-*
« *lations quelconques, dont si aucunes interviennent,*
« *Sa Majesté s'en est réservé la connaissance, et*
« *icelle interdite à toutes ses autres Cours et Juges,*
« *pour y être pourvu en son Conseil.*

« *Fait au Conseil d'Etat privé du roi, tenu à*
« *Versailles, le 22 février 1706.* »

§ II

Cet arrêt fut publié et enregistré aux audiences
du Présidial et du Bailliage les 19 et 20 avril 1706.

La distinction de jours pour les audiences du Présidial d'Orléans et du Bailliage avait déjà été ordon-
née par le procès-verbal d'établissement du siège, de
M. Fumée, au mois d'avril 1552, et avait toujours
été exécutée pour l'audience du Présidial du lundi;
pour les audiences du mardi et du vendredi, on y

portait les causes du Bailliage et celles du Présidial sans aucune distinction. L'arrêt de 1706 a mis fin à cet état de choses regrettable.

Le texte que nous avons cru intéressant de citer tout au long montre bien que la Royauté s'occupait de rendre à ses sujets, dans la mesure de ses moyens, une justice aussi rapide qu'économique, et il prouve d'autre part que la magistrature de cette époque ne devait pas craindre un travail utile et matinal.

Les temps présents et futurs pourraient peut-être tirer exemple de cet arrêt !

TROISIÈME PARTIE

DÉCADENCE ET SUPPRESSION
DU PRÉSIDIAL D'ORLÉANS

Section Iʳᵉ. — Premier état de décroissance.

§ Iᵉʳ

« Le Présidial d'Orléans, dit Laurain (1), se voyait vers 1750 (comme la plupart des sièges) dépourvu de sujets, et regardait la mort de chaque officier comme une perte irréparable pour lui (2) ; mais, dans les années qui suivirent, une nouvelle génération s'était levée ; des jeunes gens, après avoir fait de solides études, avaient acquis des charges et mis à profit, pour le service de leurs concitoyens, le goût qu'ils avaient pris à la jurisprudence. »

Cette renaissance des études juridiques à Orléans et le rétablissement assez imprévu de la prospérité

(1) Laurain, *op. cit.*, p. 76.
(2) Mémoire pour les officiers du Bailliage et Présidial d'Orléans où il est question du dépérissement qui menace les tribunaux, 13 janvier 1764. (Bib. Orléans, nᵘ 2500).

de son Présidial étaient surtout dus à l'influence de l'illustre Pothier.

Nommé professeur de droit français en l'Université de cette ville, il consacra le revenu de sa chaire à distribuer à ses disciples des médailles en prix, à la fin de chaque année académique, tandis qu'il entretenait l'émulation parmi les étudiants en les faisant discuter dans des discours publics sur toutes les matières qu'ils avaient vues et étudiées dans le courant de l'année.

§ II

Mais ce n'étaient là que des remèdes transitoires et bien insuffisants pour mettre fin à une crise qui devait emporter les juridictions présidiales vers leur ruine définitive. Les causes de leur décadence étaient du reste nombreuses et profondes. Vainement certains hommes éminents, tel que M. Le Trosne, avocat du roi au Présidial d'Orléans (1), jetaient le cri d'alarme en disant que si le rétablissement des Présidiaux était encore différé un certain nombre d'années, il ne serait plus temps d'y pourvoir, car leur ruine serait consommée. Leur voix n'était pas écoutée, ou leur autorité n'était plus assez grande pour se faire obéir.

A Orléans plus particulièrement, la diminution du prix des offices de justice était flagrante et pro-

(1) Discours sur l'état actuel de la magistrature, prononcé par M. Le Trosne à l'ouverture des audiences le 15 novembre 1763.

gressive, on ne payait plus d'épices comme honoraires de procédure, les affaires appelées devant le
Présidial se faisaient de plus en plus rares, les em-
piètements des juridictions royales étaient cons-
tants aussi bien d'ailleurs que ceux des juridictions
seigneuriales ; les évocations d'affaires au Parlement, au Grand Conseil ou à la Chambre des requêtes
se faisaient trop facilement. D'où la situation des officiers présidiaux devenait de plus en plus mauvaise.
Ils avaient peu de gages ou quelquefois même pas
du tout. On leur refusait des privilèges honorifiques;
on augmentait leurs charges d'impôts; de telle sorte
que la misère était partout chez eux comme autour
des autres sièges.

« A Orléans, dit encore Laurain (1), dans le cou-
« rant du xviiie siècle, pour une période de trente-
« huit ans, le dépouillement des comptes n'accuse
« qu'une recette de 8.444 livres ; c'est donc une
« moyenne de 222 livres environ, et chaque officier
« aurait touché la somme dérisoire de 12 à 15 livres.
« En réalité, l'officier ne touchait rien et la Compa-
« gnie employait ces modestes recettes au paiement
« de ses dettes et de ses rentes passives, et cela ne
« suffisait pas à beaucoup près. »

§ III

Par suite il fallait être riche personnellement, au
milieu du xviiie siècle, pour briguer et remplir con-
venablement la charge de conseiller ; car tout can-

(1) LAURAIN, *op. cit.*, p. 68.

10

didat risquait de donner plus qu'il ne recevait; aussi les aspirants étaient-ils peu nombreux, et plus on multipliait les sièges présidiaux, dans l'espoir de combler le déficit du Trésor vidé par les guerres, moins on trouvait d'officiers pour remplir les postes nouvellement créés. C'est dans de semblables circonstances que M. Roland de Challerange, conseiller au Parlement, put écrire à M. de Chabrol, conseiller au Présidial de Riom, une lettre en date du 1er avril 1765 dont l'extrait suivant nous paraît présenter plus particulièrement de l'intérêt :

« Les officiers du Présidial d'Orléans peuvent
« donc se faire gloire de servir gratuitement l'Etat,
« dans un siècle où tout s'apprécie..... L'Église
« nourrit et entretient ses ministres, l'État paie les
« officiers qui le servent dans la profession des armes
« et honore leur retraite par des distinctions et des
« pensions. Le seul magistrat achète le droit de
« servir gratuitement le public. Une modique
« somme de 50 livres, réduite à 45 livres par la re-
« tenue, forme tout le revenu d'un conseiller au
« Présidial : il la reçoit, parce que tout ce qui vient
« de Sa Majesté peut être reçu avec honneur. »

§ IV.

Nous avons bien vu que, pendant plusieurs années l'émulation provoquée du fait d'un certain nombre de professeurs éminents de l'Université avait ranimé le goût pour l'étude de la jurisprudence et la pratique du droit: *Il s'est élevé une*

« *nouvelle génération*, déclarait à ce propos le mé-
« moire du Présidial du 13 janvier 1764, *qui peut-*
« *être ne sera point remplacée. Sans cet événement*
« *imprévu, le siège d'une ville capitale n'aurait plus*
« *que quatre ou cinq conseillers, mais le rétablis-*
« *sement du Présidial d'Orléans dans ces circons-*
« *tances est un exemple unique..... Bientôt les*
« *Présidiaux se verront réduits aux seuls lieu-*
« *tenants généraux et particuliers.....* »

En somme, le plus grand nombre des charges de
ces tribunaux étaient en quelque sorte casuelles, et
les autres n'étaient occupées régulièrement que
parce que les titulaires ne trouvaient pas à s'en
défaire.

§ V

On essaya de réagir contre cet état de choses.

En 1763, un Comité de Législation voulut s'occuper du sort des Présidiaux. Il était composé de
d'Aguesseau, Trudaine, Joly de Fleury, conseillers
d'Etat, de Montaran, Taboureau, des Réaux, rap-
porteurs, de Montyon, maître des requêtes. Chaque
Présidial devait dresser un tableau de son état particulier et des causes de la décadence générale et
formuler les vœux qu'il croyait propres à enrayer le
mal. Il y eut une proposition faite par celui de
Tours pour déléguer auprès du pouvoir royal Jousse,
conseiller au Présidial d'Orléans, qui devait exposer
ces vœux de vive voix et défendre les intérêts
communs à tous les sièges du même degré A ce

moment, ils demandaient l'ampliation de leurs pouvoirs et l'attribution de la noblesse. Devant juger des nobles, observaient-ils, leur autorité serait accrue s'ils étaient leurs égaux en titres et distinctions.

Le choix de Jousse était heureux, car il était connu avantageusement pour ses ouvrages et son talent. Il fut ratifié par un grand nombre de bailliages qui s'engagèrent à verser chacun 200 livres au greffe civil d'Orléans pour couvrir les frais de la députation. Mais le vice-chancelier président du Bureau de Législation n'accepta pas la visite de la délégation, et le Présidial d'Orléans se vit dans la nécessité d'apprendre aux Compagnies cette détermination inattendue. Il estima imprudent d'ailleurs d'envoyer un député contre l'agrément du chef de la justice, tout en gardant l'espoir que des conjectures plus heureuses permettraient de faire sentir « que l'intérêt public, et celuy de la magistrature « exigeraient qu'on adhérât sans tant de lenteur et « de difficultés à ce qu'on demandait plus encore « pour l'intérêt des citoyens que pour l'utilité des « Cours présidiales. »

§ VI

Les officiers du Bailliage d'Orléans voulurent, malgré tout, faire connaître les moyens qu'ils avaient en vue pour relever la magistrature. On en trouve trace dans un mémoire de Messieurs du Bailliage adressé à l'Intendant de la province (1) et qui provoqua une autre missive à peu près conçue, en ces termes :

« *Une lettre que j'ai reçue de MM. les maire et* « *échevins m'oblige de prendre la liberté de vous* « *écrire au sujet du mémoire que MM. les officiers* « *du Bailliage ont fait imprimer. Parmi les moyens* « *qu'ils proposent pour relever la magistrature, il* « *en est de préjudiciables au bien public, comme* « *l'attribution pour juger les appels des sentences* « *du Consulat et de celles de la Police.*

« *Après avoir demandé de juger en dernier res-* « *sort jusqu'à 2,000 livres et à faire exécuter par* « *provision leurs sentences depuis 2,000 livres jus-* « *qu'à 4,000, ce qui ne leur sera sûrement pas* « *accordé par l'opposition qu'y feront les Parle-* « *ments. Ils demandent de connaître par appel des* « *sentences de la juridiction consulaire et de les* « *juger en dernier ressort depuis 500 livres jusqu'à* « *2,000, et de faire exécuter par provision leurs* « *jugements jusqu'à 4,000 livres. Ils se fondent sur* « *la Déclaration de 1752 contre laquelle toutes les* « *Juridictions consulaires ont réclamé ainsi que* « *tous les commerçants et qui doit être abrogée* « *suivant le mémoire envoyé dans les Provinces par* « *M. le Chancelier. Cette déclaration d'ailleurs* « *leur ôte la connaissance de toutes affaires du* « *commerce. Il est vrai qu'elle l'attribue aux juges* « *des lieux où il n'y a pas de juridiction consulaire,* « *quoique ces juges les entendent encore moins que*

(1) M. PERRIN DE CYPIERRE.

« ceux des Bailliages des villes où il y a des juges
« consuls, inconséquence qui n'a pas manqué d'être
« relevée. Les Juridictions consulaires, suivant
« l'Edit de leur création en 1563, jugent en der-
« nier ressort jusqu'à la somme de 500 livres, et
« même jusqu'à 1,000 livres dans les affaires qui
« concernent la Compagnie des Indes, suivant les
« Edits de création de cette Compagnie, au lieu
« que les Présidiaux ne jugent en dernier ressort
« que jusqu'à 250 livres. Ils n'ont l'exécution pro-
« visoire que jusqu'à 500 livres, et les sentences des
« consuls s'exécutent nonobstant l'appel et sans y
« préjudicier, à quelque somme qu'elles puissent
« monter. On a voulu, en faveur du commerce, que
« les Consuls eussent, par rapport à leur objet, un
« pouvoir plus étendu que les Présidiaux. Et com-
« ment ceux-ci auraient-ils l'exécution provisoire
« d'une sentence en cause d'appel jusqu'à 4,000 livres,
« comme ils le demandent, pendant que la sentence
« dont est appel, a son exécution provisoire pour
« quelque somme que ce fût.

« De plus, les Présidiaux et les Consulats sont
« des juridictions indépendantes l'une de l'autre et
« qui ne relèvent que du Parlement. Les Présidiaux
« ne peuvent pas plus réformer les sentences des
« consuls que les consuls celles des Présidiaux. Il
« faudrait faire à ceux-ci une nouvelle attribution
« à laquelle les Parlements ne manqueront pas de
« s'opposer, parce qu'elle restreindrait trop les cas
« où ils pouvaient connaître par appel des sentences
« consulaires.

« *Cette attribution serait même très désavanta-*
« *geuse au public qu'on assujettirait à un degré*
« *intermédiaire de juridiction pour les sommes où*
« *le Présidial ne jugerait pas en dernier ressort,*
« *ce qui ne servirait qu'à multiplier inutilement les*
« *frais.*

« *Il y a plusieurs de ces raisons qui militent éga-*
« *lement contre l'attribution que demandent MM. les*
« *officiers du Bailliage pour juger de même par*
« *appel des sentences de police. Je ne les répéterai*
« *pas; mais je ferai remarquer qu'ils sont eux-*
« *mêmes juges de police et qu'ils ont à ce siège*
« *quatre de leur corps qui changent tous les trois*
« *mois, de sorte que les mêmes juges connaîtraient*
« *d'une cause en première instance et en cas d'ap-*
« *pel. Ils disent bien qu'en ce cas il faudrait trou-*
« *ver quelque tempérament, mais ils ne l'indiquent*
« *pas.*

« *Quant à la noblesse qu'ils demandent, je ne*
« *sais si, eu égard à la fortune de plusieurs*
« *d'entre eux, elle leur serait bien avantageuse;*
« *mais il est clair qu'elle nuirait beaucoup dans*
« *une ville où le nombre des privilégiés n'est déjà*
« *que trop grand. On pourrait l'accorder à la troi-*
« *sième génération à ceux qui, de père en fils,*
« *auraient été officiers du Bailliage, comme il se*
« *pratique par rapport aux Bureaux des Finances.*

. . . .

Ce document anonyme contient de précieuses
indications sur les attributions du Présidial et des
Juges-Consuls à cette époque, en même temps qu'il

nous indique quelques-unes des prétentions des officiers du Bailliage et Siège présidial d'Orléans et les objections que certaines d'entre elles pouvaient soulever.

Le mémoire dont il est question dans la lettre ci-dessus fut composé par MM. Jousse et Le Trosne et arrêté à la Chambre du Bailliage le 13 janvier 1764. Le plus grand nombre des officiers attachés à ce Bailliage ne le signèrent, paraît-il, que par complaisance, estimant qu'il demeurerait sans effet (1).

§ VII

Il ne serait pas vrai de dire que les observations et les efforts de ces magistrats pour relever et sauver leurs charges laissèrent la Royauté complètement indifférente.

Elle voulut, au contraire, prendre en faveur des Présidiaux des mesures qui diminueraient du même coup le prestige et la compétence des Parlements. Aussi la teneur de l'édit du mois d'octobre 1774 donna-t-elle satisfaction, en partie tout au moins, aux desiderata des Présidiaux en général et de celui d'Orléans en particulier. Leur compétence y était élevée jusqu'à 2,000 livres de capital, ou quatre-vingts livres de rente pour le premier chef, et jusqu'à 4,000 livres de capital ou 160 livres de rente pour le deuxième chef (2).

(1) Deux pièces relatives aux moyens proposés par MM. les officiers du Bailliage d'Orléans pour relever la magistrature (Bibl. Orléans, mⁱ n° 2529.)

(2) Voir : *Collection Joly de Fleury*, Biblioth. nat., n° 2107.

Le Présidial d'Orléans, encore plus exigeant, demandait même qu'on doublât ces chiffres.

Mais les Parlements, comme on s'y attendait, protestèrent vivement ainsi que les Bailliages qui réclamaient une restriction, et un règlement du mois d'août 1777 fixa définitivement la compétence présidiale à deux mille livres en sommes liquides et en dernier ressort.

§ VIII

Toutes ces mesures devenaient inutiles à mesure que la Révolution approchait et grondait, secouant dans leurs bases profondes toutes les institutions de la Monarchie, et les Présidiaux comme les autres ne purent éviter l'effondrement suprême. Disons en quelques mots quelle était leur situation dans ce dernier état du droit français et avant le grand événement qui ensanglanta l'aurore moderne; mais surtout établissons quel était l'état d'esprit du Tiers-Etat, du Clergé et de la Noblesse vis-à-vis des Présidiaux. Nous trouverons des données certaines en consultant les Cahiers des Doléances dressés à cette époque par les divers ordres et corps constitués du Royaume. Attachons-nous exclusivement à ceux d'Orléans.

Section I. — Le Présidial à la veille de la Révolution

§ Ier

En 1789, le plus grand nombre des officiers présidiaux avaient abandonné leurs charges pour d'autres plus avantageuses. A Orléans tout particulièrement, il arriva plusieurs fois que le Lieutenant général monta sur le siège seul ou assisté d'un unique conseiller !

En présence d'un pareil état de choses, les représentants de la province s'émurent et, dans les Cahiers des Doléances rédigés à l'occasion de la réunion des Etats Généraux, ils développèrent leurs espoirs et leurs vœux.

Nous allons en donner un aperçu général en nous inspirant du travail le plus important donné sur la matière et dont l'auteur est M. Camille Bloch, ancien archiviste du département du Loiret (1).

§ II

L'ouvrage de M. Camille Bloch comprend deux volumes. Dans le premier, les passages suivants ont trait surtout à la situation des Présidiaux à la veille de la Révolution et nous intéressent :

(1) *Cahiers des Doléances du Bailliage d Orléans pour les Etats Généraux de 1789*, 2 vol., 1906.

Page 177, article 25. — *Cahier du Tiers de Saint-Aubin, Saint-Michel et La Ferté Lowendal* :

« Il serait fort intéressant qu'on ne fût pas obligé
« d'aller à une distance trop éloignée pour obtenir
« justice en dernier ressort. Demander une nou-
« velle amplication du pouvoir des Présidiaux et
« qu'il soit établi un Présidial-chef dans les villes
« principales des provinces ou généralités, qui juge-
« rait en dernier ressort au double des simples Pré-
« sidiaux et connaîtrait par appel des sentences des
« Présidiaux du second ordre, lorsque l'objet de la
« chose jugée excéderait la compétence des dits
« Présidiaux du deuxième ordre. »

Page 187, article 11. — *Cahier de Marcilly en-Villette* :

« La justice est dûe à tous les sujets du roi dans
« leur territoire, sans être obligés d'aller la solli-
« citer en des endroits trop éloignés. En consé-
« quence, on sollicite de la bonté du roi d'augmen-
« ter l'Edit des Présidiaux et même de créer un
« Présidial dans chaque généralité qui jugera en
« dernier ressort jusqu'au double de ce que les
« simples Présidiaux connaîtront. En conséquence,
« les appels des simples Présidiaux seront portés
« au Présidial-chef... »

Page 669. — *Cahiers de Bouzonville-en-Beauce*,
article 15, *et d'Engenville*, ainsi rédigés :

« Qu'il est de toute utilité.... d'établir des Pré-
« sidiaux dans toutes les principales villes de
« chaque province, même dans celles où il y a élec-

« tion comme il avait été fait l'année précédente, et
« y joindre les justices seigneuriales dans lesquelles
« les affaires languissent. »

Page 681. — *Paroisse d'Escrennes*, article 5 :

« On demande aussi que les Etats Généraux
« veuillent bien s'occuper de la diminution des frais
« de justice par des taxes modérées et connues, et
« principalement de l'abréviation des procédures,
« en obligeant tous les officiers de justice à la
« résidence dans le lieu le plus prochain, et à
« l'établissement des Présidiaux dans un arrondis-
« sement.. .. »

Le deuxième volume de l'ouvrage précité renferme
encore plus de données sur la question, et nous
allons y puiser d'abondants documents.

Page 9. — *Cahier des officiers du Bailliage d'Orléans* :

« Et, pour la plus grande célérité dans les juge-
« ments, les députés représenteront la nécessité
« d'une plus grande ampliation dans l'Edit des
« Présidiaux et que la justice y soit gratuite. »

Page 44. — *Cahiers de l'Université*, article 9 :

« Le pouvoir des Présidiaux n'est pas propor-
« tionné à la valeur du numéraire au temps de leur
« établissement. Il est de l'intérêt public qu'on leur
« accorde le droit de juger souverainement jusqu'à
« la somme de 5.000 livres. »

Article 10 :

« Indépendamment de l'attribution accordée aux

« Présidiaux ordinaires, il serait du plus grand bien
« des provinces d'établir dans chaque ville chef de
« généralité un Présidial-chef qui jugerait jusqu'à
« 12.000 livres, et où se porteraient par appel
« toutes les causes de la province qui n'excéde-
« raient pas cette somme, pour y être jugées défi-
« nitivement et sans appel. »

Pages 80 et 81. — *Cahier des avocats du Bailliage
d'Orléans :*

« Le trop grand éloignement du tribunal souve-
« rain renferme un véritable *déni de justice* par les
« frais immenses et en pure perte auxquels les jus-
« ticiables sont exposés pour aller solliciter la déci-
« sion ultérieure de leurs contestations. Le moyen
« le plus simple et le plus naturel serait de porter
« l'ampliation des Présidiaux jusqu'à 4.000 livres et
« de créer dans chaque ville capitale d'une pro-
« vince ou d'une généralité un Présidial-chef qui
« jugerait en matière civile jusqu'à huit ou dix
« milles livres en dernier ressort..... Les Prési-
« diaux-chefs, seuls, jugeraient en dernier ressort
« en matière criminelle, sauf lorsqu'il s'agirait de
« la peine de mort contre les domiciliés au Bail-
« liage d'Orléans. »

Page 110. — *Cahier des Procureurs :*

« Pourquoi la Communauté supplie très humble-
« ment Sa Majesté de supprimer toute espèce de
« jugement de compétence et d'accorder aux Pré-
« sidiaux les mêmes pouvoirs pour juger en der-
« nier ressort jusqu'à 2.000 livres, ou 80 livres de

« rente ou revenu annuel, qu'avaient les Présidiaux
« pour juger en dernier ressort jusqu'à 250 livres
« ou 10 livres de rente ou revenu annuel. »

Page 208. — *Bailliage d'Orléans*. — *Cahier des
Menuisiers*, article 26 :

« Vœu que les Présidiaux jugent en dernier res-
« sort jusqu'à 2.000 livres, et qu'il n'y ait plus lieu
« à rappeler de la compétence surtout si le deman-
« deur restreint sa demande à 2.000 livres. »

Pages 260 et 261. — *Cahier des habitants libres* :

« Les députés demanderont que la compétence
« des Présidiaux des capitales des provinces soit
« étendue jusqu'à la somme de 4.000 livres et de
» 8.000 livres à charge d'appel......
« Que les Présidiaux soient autorisés à juger en
« dernier ressort toutes les questions de compé-
« tence.

« Qu'il soit également permis à l'une ou à l'autre
« des parties de porter directement aux Cours supé-
« rieures les causes qui excéderont la compétence
« présidiale, en sorte qu'il n'y ait en aucun cas
« deux degrés de juridiction nécessaires. »

Page 262 :

« Les députés demanderont que la juridiction
« consulaire puisse juger en dernier ressort jus-
« qu'à la concurrence de 10.000 livres, et que, dans
« tous les cas où les sentences seront sujettes à
« appel, il soit porté aux Présidiaux jusqu'à la
« concurrence de la somme fixée pour leur compé-
« tence. »

Page 304. — *Cahier de la ville d'Orléans*, article 69 :

« Vœu que les Etats Généraux s'occuperont de
« rapprocher la Justice des justiciables par l'éta-
« blissement de tribunaux supérieurs dans les pro-
« vinces, ou par la création d'un Présidial-chef
« dans la capitale de chaque généralité avec l'attri-
« bution qui lui sera fixée..... »

Article 71 :

« Qu'il sera établi dans la ville capitale de chaque
« généralité un Présidial-chef, pour connaître au
« civil en dernier ressort jusqu'à 12.000 livres, et
« de prononcer en matière criminelle, en dernier
« ressort, tous jugements qui n'emportent ni peines
« afflictives, ni peines infamantes.

« Que les autres Présidiaux connaîtront en der-
« nier ressort, en matière civile, jusqu'à concurrence
« de trois mille livres, sans attribution ; en matière
« criminelle que l'appel de tous les bailliages royaux
« de chaque généralité sera porté au Présidial-chef
« jusqu'à concurrence de la somme de sa compé-
« tence. »

Page 305, article 72 :

« Que l'appel des sentences consulaires sera por-
« té aux Présidiaux, jusqu'à concurrence de leur
« compétence. »

Page 306, article 76 :

« Que dans tous les bailliages, où il y a sièges
« présidiaux, les officiers d'iceux pourront juger en
« dernier ressort au nombre de trois juges jusqu'à

« concurrence de 100 livres, toutes contestations pour
« raison de gages de serviteurs, mercenaires et
« autres pures personnelles et sommaires.

Page 307, article 81 :

« Que l'adresse des provisions d'offices pour les
« sièges présidiaux sera faite aux officiers des sièges
« dans lesquels ils doivent exercer leurs fonctions. »

Page 364. — *Cahier de Janville* :

« La compétence des Présidiaux sera étendue jusqu'à la somme de 6.000 livres. La loi de l'inamovi-
bilité des offices sera renouvelée. »

. . . .

Tels furent les principaux desiderata qui, de tous
les coins du Bailliage d'Orléans et des alentours, se
firent jour pour traduire les sentiments des justiciables à l'égard des Présidiaux. On ne voulait pas
leur perte, on souhaitait plutôt leur amélioration,
leur développement et leur prospérité.

§ III

Mais ce n'était point en obtenant une plus grande
compétence ou de nouvelles attributions que cette
institution judiciaire déjà ancienne aurait pu se
maintenir contre tous les abus qui semblaient miner
sa base. Il eût fallu quelque chose de plus : une autorité royale plus forte pour défendre utilement ce
qu'elle avait créé et des assemblées plus sages pour
améliorer au lieu de détruire ce qui existait. Mais
l'une devenait de plus en plus faible et les autres se

firent de plus en plus audacieuses dans le bouleversement. Aussi les Présidiaux ne résistèrent pas longtemps. Ils furent supprimés par les *Décrets des 6, 7 et 11 septembre 1790.*

Nous devons toutefois ajouter que leur disparition fut en vérité plus apparente que réelle, car ils semblèrent renaître sous une forme nouvelle et un nom différent : celui de *Tribunaux de district*, qui eux-mêmes disparurent à leur tour pour faire place aux Juridictions que nous appelons aujourd'hui : *Tribunaux de première instance ou d'arrondissement* (1).

Et maintenant, pour compléter notre travail, nous donnerons *à titre d'appendice*, un chapitre sur certains points de pratique et de procédure que nous trouvons exposés dans les ordonnances de Charles IX

(1) *Les Tribunaux de district* furent créés et organisés par les décrets des 16 et 24 août 1790 sur l'organisation judiciaire et correspondaient à la nouvelle division administrative de la France. Les districts étaient plus nombreux et moins étendus que nos arrondissements actuels (pour le Loiret : Orléans, Beaugency, Neuville, Pithiviers, Boiscommun, Montargis, Gien). Ces tribunaux durèrent jusqu'à l'établissement des *tribunaux de département*, créés par la constitution du 5 fructidor an III (22 août 1793). Il y avait un tribunal par département, composé de 20 juges au moins et de 5 suppléants. Ces juridictions nouvelles fonctionnèrent jusqu'à la loi du 27 ventôse au VIII (18 mars 1800), ordonnant la suppression des tribunaux civils et correctionnels de département et établissant par son article 6 *un tribunal de première instance* par arrondissement.

Jusqu'à la création des *Tribunaux d'appel* (17 ventôse an VIII), l'appel des jugements prononcés par le *Tribunal civil de département* se portait au tribunal civil de l'un des trois départements les plus voisins (constitution du 5 fructidor an III, art. 216). L'assemblée constituante ayant conservé une certaine défiance contre les anciennes compagnies judiciaires, n'avait pas voulu instituer de juridictions supérieures à ces tribunaux de district.

et qui, par suite, remontent aux premières années de l'existence des Présidiaux.

Leurs officiers durent en tenir compte dans l'exercice de leurs fonctions et c'est encore un des côtés de l'histoire judiciaire que nous devons connaître et préciser.

APPENDICE

EXTRAIT DE L'EXPOSITION SOMMAIRE DES ORDONNANCES
DU ROY CHARLES IX, SUR LES PLAINTES DES TROIS ÉTATS DE SON
ROYAUME, TENUS A ORLÉANS L'AN MDLX

§ Ier

Art. 32 :

« *Ne seront aussi receuz en mesme Parlement,
Chambre des Comptes, ou autres cours souveraines,
ny en un mesme siège, le père et le fils, deux frères,
l'oncle et le nepveu. Et avons dès à présent déclaré
nulles toutes lettres de dispense qui seroient obtenues au contraire, pour quelque cause et occasion
que ce soit.* »

Art. 33 :

« *Avons aussi supprimé tous offices de maistre
des requestes extraordinaires et révoqué toutes provisions obtenues desdits offices pour quelque cause
que ce soit.* »

Art. 46 :

« *Toutes exécutions d'arrests s'adresseront et
seront exécutées par les juges des lieux, et non par
les présidens ou conseillers de nos Cours souveraines, si les deux parties ne le requièrent.* »

Art. 47 :

« *Les despens adjugez tant en nos Cours souve-*

raines qu'autres juridictions seront taxez par un seul commissaire qui ne pourra taxer son salaire qu'à la saison et pour le temps qu'il y aura vaqué. »

Art. 52 :

« Et pour oster tout soupçon de ports et faveurs, ordonnons qu'à la simple réquisition de la partie, le procès où l'un de nos officiers présidiaux sera partie soit renvoyé au plus prochain siège présidial pour y être jugé et déterminé. »

Art. 53 :

« Et pour le ressort des procès meuz et à mouvoir en nos Cours souveraines, où l'un de noz conseillers ou présidens serait partie, ils ne seront jugez en la Chambre de laquelle le président ou conseiller sera, ains renvoyez à une autre Chambre. »

Art. 54 :

« Ordonnons à tous nos juges et nos advocats et procureurs d'accepter directement aucun transport ou cession de procès et droits litigieux en cours, sièges et ressorts où ils seront officiers. »

Art. 43 :

« Défendons à tous nos juges, advocats et procureurs, tant en nos Cours souveraines que sièges subalternes et inférieurs, de prendre ou permettre estre pris des parties plaidantes directement ou indirectement, aucun don ou présent, quelque petit qu'il soit, à peine de crime de concussion. N'entendons toutefois y comprendre la venaison ou gibier pris ès *foréts el terres des princes el seigneurs qui les donneront. »*

Art. 44 :

« *Défendons aussi à nos juges, tant ès cours souveraines que suballernes el inférieures, et à nos advocals el procureurs d'accepter gages ou pensions des seigneurs ou dames de ce Royaume, prendre bénéfices de leur archevesque ou evesque ; des abbés, prieurs ou chapitres qui sont ès bailliages, sénéchaussées, prévôtés ou provinces, où ils seront officiers, soit pour eux, leurs enfants, parents ou domestiques, à peine de privation de leurs estats, nonobstant toutes dispenses qu'ils pourraient obtenir au contraire.* »

Art. 50 :

« *Pour donner ordre certain à la multiplicité des degrés de juridictions, qui est l'une des causes de la longueur des procès, nous avons dès à présent, quand vacation adviendra, suppriméz les sièges et offices de nos prévôts, viguiers, allouez leurs lieutenans, advocats el greffiers ès dits sièges et tous autres nos officiers suballernes. N'y aura que le siège du baillif, seneschal ou austre principal siège ressorlissant, sans moyen, en notre Cour de Parlement.* »

Art. 60 :

Défendons aussi à tous gentilshommes et officiers de justice le fait de trafiquer de marchandises et prendre ou tenir fermes, par eux ou personnes interposées, à peine..... quant aux officiers de privation de leurs estats. »

Art. 61 :

« *Tous officiers de justice et juridictions subalternes ou de haults justiciers ressortissants par
devant nos Baillifs et seneschaux, seront examinés
avant d'être reçeuz par l'un de nos lieutenans ou
plus anciens du siège, après sommaire information
de leur bonne vie et mœurs* (1) *sans toutefois que
pour ce, nosdits lieutenans ou conseillers du siège
puissent prendre aucune chose pour leur vacation.
Enjoignons à tous hauts justiciers, salarier leurs
officiers de gages honnestes, faire administrer justice en lieu certain et avoir prisons seures, lesquelles d'autant qu'elles ne doivent servir que pour
la garde des prisonniers, nous défendons estre
faites plus basses que le rez-de-chaussée.* »

Art. 75 :

« *Ordonnons à nos aiméz et féaux conseillers,
maistres des requestes de nostre Hostel et gardes des
sceaux de nos chancelleries, d'accorder aucunes
lettres de rémission ou pardon, fors celles qui
seront en cas de droit.* »

Art. 82 :

« *Ne pourront nos officiers ny ceux de nos hauts
justiciers estre fermiers, ny participer aux fermes
des amendes. Et pour les inconvéniens qui en sont*

(1) Cette enquête a eu lieu de tout temps pour les officiers du
Présidial. Elle portait sur « les vie et mœurs », voire même
« religion et conversations » des postulants! Les archives du
Loiret possèdent un certain nombre de ces « Informations de vie
et mœurs », parmi lesquelles celles de Pothier, Jousse, Prévôt
de la Jannés, etc.

*advenus à la foule de nos pauvres subjets, enjoi-
gnons auxdits hauts justiciers faire lever et recevoir lesdites amendes par leurs receveurs, gens de
bien qui n'en abusent.* »

Principes généraux tirés des mêmes ordonnances :

*Advocat conseillant à sa partie selon sa cons-
cience et la commune opinion de docteurs, est excu-
sable devant Dieu et les hommes.*

*— Baillifs, sénéschaux et haults justiciers preste-
ront la main en personne pour la prinse (prise) et
éxécution des décréts de justice et jugements qui
seront donnés contre les délinquants.*

*— Judicatures ne peuvent être baillées à gens
illettrés.*

*— Juge ne doit prendre espices de la partie qui
est notoirement pauvre.*

*— Biens meubles des mineurs doivent estre ven-
duz et l'argent mis au profit.*

*— Depuis que les offices ont été vénals la justice
n'a pas esté bien administrée.*

CONCLUSION

Comme on le voit, plusieurs de ces principes ont trouvé place dans notre droit moderne : Tels, principalement, ceux qui concernent la situation et la défense des mineurs, l'assistance judiciaire pour les indigents (1), l'excusabilité de l'avocat quand il parle selon sa conscience et la commune opinion, la défense faite aux officiers de justice de devenir fermiers et de trafiquer des marchandises ; enfin, la prohibition pour tous juges, avocats et procureurs

(1) Peut-être ne sera-t-il pas sans intérêt de bien indiquer quels étaient les usages suivis au xviiie siècle sur ce point particulier et les perfectionnements que Jousse proposait d'y apporter :

« .. Quoique par l'ordonnance de Charles V, de l'année 1364 « et par celle du 30 août 1536, les juges, ainsi que les avocats et « procureurs, doivent prêter gratuitement leur ministère aux « parties qui sont pauvres et que, même en cas de refus à cet « égard, les avocats et les procureurs puissent être punis par les « juges et même privés de leurs fonctions ; néanmoins, il peut « arriver et il arrive, en effet, trop souvent, que les pauvres ne « trouvent pas aisément des ministres ou officiers de justice qui « veuillent leur prêter gratuitement les secours dont ils ont « besoin.

« Il faudrait, pour remédier à cet inconvénient, se servir d'un « moyen qui paraît tout simple : ce serait qu'une partie pauvre... « prît la précaution de se munir d'abord d'un certificat du curé « et des commissaires ou dames des pauvres de sa paroisse, pour « constater son état de pauvreté ; avec ce certificat, cette partie « pourrait se retirer devant le juge ou devant le tribunal, qui « nommerait un procureur et même, s'il est nécessaire, un « huissier, pour défendre charitablement les droits de cette « partie. Ces officiers, ainsi nommés, se feraient un honneur « d'être choisis par préférence aux autres... » (Jousse, *Traité de la Justice*, préface, p. XIX). Il y avait également à cette époque, à Lyon, un *Bureau de charité* qui poursuivait en son nom les procès des indigents, quand ils semblaient justes.

d'accepter une cession de droits litigieux dans le ressort où ils peuvent exercer leurs fonctions.

Il n'est pas jusqu'à la vénalité des offices constituant à cette époque le plus dangereux abus sur le terrain judiciaire qui ne trouve ici l'expression d'une juste critique.

Par suite, si nos rois n'ont pu tout réformer et tout perfectionner pour amener à bien, en peu de temps, l'œuvre de la justice sociale qui demande un effort lent, mais continu, et un mieux perpétuel, il faut reconnaître, cependant, qu'ils ont fait réaliser de sensibles progrès à leur époque et qu'ils ont ménagé encore plus les perfectionnements de l'avenir.

Un de ces perfectionnements avait été la création des Présidiaux et, entre tous, de celui d'Orléans, qui jeta un si vif éclat sur les deux derniers siècles de la Monarchie française.

Si nous avons eu la chance de faire peut-être mieux que les anciens, ils avaient eu tout au moins le mérite de nous ouvrir les portes du progrès. Ils avaient établi les bases : nous avons posé le couronnement de l'édifice.

BIBLIOGRAPHIE

I. — PRINCIPAUX OUVRAGES A CONSULTER

Bimbenet (Eugène). — *Histoire de l'Université de lois d'Orléans*, in-8°. — Orléans, Gatineau, 1853.

Histoire de la Ville d'Orléans, 5 vol. in-8°. — Orléans, Herluison, 1888.

Bloch (Camille). — *Cahiers de doléances du Bailliage d'Orléans pour les Etats Généraux de 1789*, 2 vol. grand in-8°. — Imprimerie orléanaise, 1906.

Inventaire sommaire des Archives départementales antérieures à 1790 (Archives civiles. Série B), tome III. — Orléans, imprimerie Paul Pigelet, 1900.

Brainne (C.), Debarbouiller, Lapierre (Ch.-F.). — *Les hommes illustres de l'Orléanais*, 2 vol. in-8°. — Orléans, Gatineau, 1852.

Brette (Armand). — *Recueil de documents inédits relatifs à la convocation des Etats Généraux de 1789*. - Paris, Imprimerie nationale, 1894.

Les limites et les divisions territoriales de la France en 1789, in-8°. — Paris, Ed. Cornely et Cie, 1907.

Chalard (Joachim du). — *Sommaire exposition des ordonnances du Roy Charles IX, sur les plaintes des trois Estats de son royaume tenus à Orléans, l'an M. D. L. X.*, in-12. — Paris, Lucas Brayer, 1568.

Delalande (Jacques). — *Commentaire des Coutumes des duché, baillage et prevosté d'Orléans*, 3 vol. in-4°. — Orléans, François Hottot, 1673.

Everat (Edouard). — *La sénéchaussée d'Auvergne et siège présidial de Riom au* xviiie *siècle*, in-8º. — Paris, Thorin, 1886.

Jousse (Daniel). — *Traité de la Juridiction des Présidiaux*, in-12, — Paris, Debure l'aîné, 1757.
Traité de la justice criminelle, 5 vol. in-4º. — Paris, Debure père, 1763.
Traité de l'administration de la justice, 2 vol. in-4º. — Paris, Debure, 1771.

Laurain (Ed.). — *Essai sur les Présidiaux*, in-8º. — Paris, Larose, 1896.

Loiseleur (J). — *L'Université d'Orléans pendant sa période de décadence*, in-8º. — Orléans, Herluison, 1886.

Lottin (D). — *Recherches historiques sur la ville d'Orléans, depuis Aurélien jusqu'en 1789*, 6 vol. in-8º, Orléans, Alexandre Jacob, 1837.

Macé (Albert). — *La Réforme des Présidiaux au* xviiie *siècle*, in-8º. — Vannes, 1890.

Pothier (Robert-Joseph). — *Coutumes des duché, baillage et prévôté d'Orléans et ressorts d'iceux*, 3 vol. in-12. — Orléans. Jean Rouzeau-Montaut, 1760.

Tardif (Ad.). — *Les Coutumes de Lorris publiées d'après le registre original du Parlement de Paris*, Paris, Alphonse Picard, 1885.

II. — DOCUMENTS INÉDITS

A.) *Bibliothèque municipale d'Orléans.*

Arrêt de la Cour du Parlement portant défense aux officiers du Présidial de connaître et juger d'autres matières que de celles à eux attribuées par les Édits du Roi, vérifiés en ladite Cour, du 8 février 1649 (n° 1347, fonds Desnoyers).

Deux pièces relatives aux moyens proposés par MM. les officiers du Bailliage d'Orléans, pour relever la magistrature (n° 2529, fonds Desnoyers).

Journal de ce qui s'est passé au Présidial d'Orléans depuis l'installation de M. de Troies en la charge de président au mois d'août 1686 jusqu'au 21 mars 1740 (M. 601).

Mémoire pour les officiers du Bailliage et Présidial d'Orléans, où il est question du dépérissement qui menace les tribunaux, 13 janvier 1764 (n° 2500).

Mémoire touchant la réformation de la justice, 30 décembre 1774 (M. 982).

Noms de Messieurs du Présidial d'Orléans (M. 1133).

Prévôté (la) d'Orléans. Sa constitution, sa composition, sa compétence territoriale et son ressort dans le territoire du Bailliage-Présidial. Ses conflits avec cette dernière juridiction, par Eugène BIMBENET, 1888 (M. 1325).

Sentences rendues au bailliage et siège présidial d'Orléans rédigées par Foucault, lieutenant particulier, du 21 avril 1662 à l'année 1716 (M. 600).

Tarif des droits et vacations des officiers du Bailliage et siège présidial d'Orléans, 8 août 1716 (M. 982).

Traité des rangs et préséances des officiers de justice et autres, 17 juillet 1766 (M. 982).

B.) Archives départementales du Loiret.

Actes émolumentaires et de greffe (Série B., 223 à 279).

Registres de l'audience présidiale (Série B., 734 à 811).

Registre des Insinuations et Réceptions des officiers du Bailliage et du Présidial d'Orléans (Série B., 9 à 27).

Registre des procès rapportés au Présidial d'Orléans, dépens et sacs de production (Série B., 126 et s.).

C.) *Bibliothèque nationale.*

Collection Joly de Fleury. (Histoire administrative et judiciaire de la France au xviii⁰ siècle). — Voir : *Inventaire sommaire de la collection*, par A. Molinier, — Paris, Picard, éditeur.

TABLE DES MATIÈRES

CHAPITRE II

ÉTENDUE DU RESSORT ET ÉNUMÉRATION DES
PERSONNES SUR LESQUELS S'EXERÇAIT LA
JURIDICTION DU PRÉSIDIAL D'ORLÉANS..........

Section Ire

Section II

CHAPITRE III

Pages.

Section Ire

Ssction II

Section III

Section IV

Section V

Section VI

TROISIÈME PARTIE

Décadence et suppression du Présidial d'Orléans

www.ingramcontent.com/pod-product-compliance
Ingram Content Group UK Ltd.
Pitfield, Milton Keynes, MK11 3LW, UK
UKHW021908070726
13613UKWH00001B/397